Robert Misik

ANLEITUNG ZUR WELTVERBESSERUNG

aufbau

Robert Misik

ANLEITUNG ZUR WELTVERBESSERUNG

Das machen wir doch mit links

aufbau

ISBN 978-3-351-02725-4

Aufbau ist eine Marke der Aufbau Verlag GmbH & Co. KG

1. Auflage 2010

Umschlaggestaltung hißmann, heilmann, hamburg
Druck und Binden CPI – Clausen & Bosse, Leck
Printed in Germany

www.aufbau-verlag.de

Inhalt

Einleitung

Immer nur Dagegensein? Da bin ich gar nicht dafür!

Wir Linken sind ja sehr gut im Dagegensein. Wir blicken uns um in der Welt, sehen beklagenswerte Missstände und himmelschreiende Ungerechtigkeiten und prangern sie an. Passiert etwas besonders Empörenswertes, organisieren wir eine Demonstration dagegen, und wenn ein menschenverachtendes Gesetz beschlossen werden soll, lancieren wir womöglich eine Unterschriftenliste, mit der wir unser Nichteinverstandensein dokumentieren. So ein bisschen von der Art: Die Bösen prägen die Welt. Und wir, die Guten, sagen, dass wir das aber sehr schlecht finden. Und manchmal müssen wir uns von unseren Zeitgenossen sagen lassen: »Ihr seid ja immer nur dagegen. Aber wofür ihr seid, das könnt ihr nicht so leicht sagen. Klar, ihr hättet gerne bessere Menschen und eine solidarischere Ökonomie – aber geht's vielleicht ein bisschen konkreter? Eine Prise realistischer? Habt ihr vielleicht sogar einen Plan, wie wir dahin kommen könnten? Nein, habt ihr nicht. Ihr seid also weltfremde Weltverbesserer.«

Gesellschaftskritik ist uns ein hoher Wert. Wir kritisieren, was falsch läuft. Blättert man die Bücher von Karl Marx durch, dem revolutionären Denker der Linken des 19. Jahrhunderts, wird man feststellen: Viele seiner Schriften tragen das Wort »Kritik« schon im Titel. »Kritik des …« oder »Kritik der …« Klar, Marx war Philosoph, und in der Philosophie meint das Wort »Kritik« ein wenig etwas anderes als in unserer Umgangssprache – philosophische »Kritik« ist eine theoretische tiefgehende Auseinandersetzung mit »Kategoriensystemen«, sie klaubt die Dinge auseinander, daher muss die theoretische »Kritik« nicht unbedingt getragen sein von »Dagegen-« oder »Dafürsein«, sondern eher von analytischem Scharfsinn. Die Kategorie der »Kritik« ist in der Philosophie schließlich geprägt von Denkern wie Immanuel Kant, der jede seiner bahnbrechenden Arbeiten »Kritik« nannte: »Kritik der reinen Vernunft« etc.

Im 20. Jahrhundert wiederum entstand eine ganze Schule intellektueller Gesellschaftskritik, die diesen Impuls schon im Namen trug: die »Kritische Theorie«. In fast all diesen Fällen ist kritische Analyse von Kategoriensystemen freilich implizit, wenn nicht ohnehin explizit, auch Kritik von herrschenden, gegebenen Verhältnissen. Als Aufklärung will sie etwa den Schleier über vernebelten Verhältnissen wegreißen, beispielsweise über der »scheinhaften Freiheit der Wirtschaftssubjekte in der bürgerlichen Gesellschaft« (Max Horkheimer). Erkennen, Kritisieren und Verändern sind, so gesehen, Episoden eines Gesamtprozesses. Kritik deckt illegitime Privilegien, Macht, Herrschaft auf und ist, um Michel Foucault zu paraphrasieren, Voraussetzung für den rebellischen Impuls, »so nicht regiert werden zu wollen«.

Um nicht falsch verstanden zu werden: Nichts ist schlecht daran. Ohnehin ist Kritik nie »nur Kritik«, »bloßer Negativismus«. Kritik an Zuständen skizziert immer auch – wie das Negativ einer Fotografie – das Bessere, das entstünde, wenn das Kritisierte verändert würde. Kritik ist, ganz klar, Vorbedingung der Verbesserung. Nicht zufällig haben »Krise« und »Kritik« einen gemeinsamen etymologischen Stamm und bezeichnen nicht bloß etwas, was »schlecht« ist, sondern etwas, was überholt ist, zum Sterben verurteilt. Kritisches Bewusstsein und Krisenbewusstsein sind keine depressiven Zustände, sondern getragen von der Überzeugung, das das »große Ganze« nicht mehr funktioniert und hoffentlich bald durch etwas Neues, Zeitgemäßes ersetzt wird.

Aber Kritik wird auch von einem anderen Boden aus geäußert, wenn die Vorstellung von einer besseren Welt nebulös wird, wenn sich die meisten Menschen eigentlich gar nicht mehr vorstellen können, dass eine andere, eine gerechtere, eine fairere Welt möglich ist. Dann wird die Krise der Welt auch zur Krise der Kritik. Und seien wir doch ehrlich: Es gibt viel zu vieles in der Welt, bei dem einem gar nichts anderes übrig bleibt, als es zu kritisieren. Heutzutage gibt es eher zu wenig Kritik als zu viel von Dagegensein: viel zu oft sind die Menschen bereit, Dinge hinzunehmen, die man eigentlich nicht hinnehmen dürfte. Einfach, weil sie sich zu schwach fühlen, daran etwas zu ändern, oder auch, weil man sich an viele Dinge so gewöhnt hat, dass man gar nicht mehr richtig über sie nachdenkt. Man zuckt mit den Achseln und sagt sich: So ist das eben. Würde man sich über alles aufregen, worüber man sich aufregen müsste, man käme aus dem Aufregen gar nicht mehr heraus. Man würde nur mehr vor sich hin keppeln. Und dauerndes Keppeln ist uncool, zudem trübt es das Gemüt ein. Wer will schon als larmoyanter Kerl durch die Welt gehen, der dauernd mit Depri-Gesicht die Schlechtheit der Welt beklagt? Es macht die Luft auch nicht besser. Wenn man sich nicht vorsieht, wird einem die Übellaunigkeit zur zweiten Natur: Man sieht sich von Schlechtigkeit umstellt und geht ganz fix davon aus, dass ohnehin immer alles schlimmer wird. Das raubt einem alle Energie – auch die zum »Bessermachen«. Womöglich geht man seinen Zeitgenossen mit dem ewigen Negativismus auch noch auf die Nerven.

Vielleicht ist es da noch besser, sich nicht allzu viele Gedanken und stattdessen ein bisschen Party zu machen.

Was Sie hier in den Händen halten, ist ein Buch. Und mit Büchern – also mit geschriebenen Texten – ist das so eine Sache. Es gibt verschiedene Sorten von Sachbüchern: Biographien, historische Abhandlungen, gelehrige Fachbücher oder die Psychoratgeber mit dem Smiley auf dem Titelblatt (»Der schnelle Weg zu noch mehr Glück«). Politische Sachbücher sind in den meisten Fällen »kritische Bücher«. Sie prangern sehr oft irgendetwas an: Die negativen Folgen der Globalisierung. Den Konsumismus. Den Hunger in der Dritten Welt. Oder sie decken etwas auf: Wie gerissene Machtlobbys ein Land ausplündern. Auch ich habe eine Reihe kritischer Bücher geschrieben, etwa über das »Elend des Neoliberalismus« oder gegen die Neokonservativen. Eines meiner meistgelesenen Bücher heißt: »Genial dagegen. Kritisches Denken von Marx bis Michael Moore«. Natürlich war keines dieser Bücher »nur« kritisch. Im Allgemeinen kritisierte ich über zwei Drittel des Buches, und im letzten Drittel habe ich versucht darzulegen, wie es denn besser laufen könnte. Kritische Texte haben, sehen wir vom Inhalt einmal ab, auch einen schriftstellerischen Appeal: Sie lesen sich flotter. Es gibt – man könnte fast sagen: seit Jahrtausenden – eine spezifische Faszination kritischer Texte. Schon die alten Propheten in der Bibel klagten wortreich an, und wir sind heute noch fasziniert von ihrer Sprachgewalt. Einer dieser Propheten, Jeremias, gab einer ganzen Textgattung den Namen: Seinetwegen sprechen wir heute von einer »Jeremiade«, wenn jemand die Schlechtigkeit der Welt anprangert. Später entstand die Textgattung des Pamphlets, die Anklage des Kritikwürdigen in seiner modernen Form.

Aus der Sicht des Autors gesprochen, ist es viel einfacher, ein gutes Buch zu schreiben, das kritisch – also gegen etwas – ist, als eines, das für etwas ist. Wenn ich etwa gegen eine verdammenswerte politische oder ideologische

Strömung anschreibe, kann ich die so richtig argumentativ auseinandernehmen, ich kann sie mit beißendem Spott überziehen und mit viel Ironie in den Boden schreiben, dass es eine Freude ist. Man kann dann auch die Herrschenden mit bösen Witzen überziehen – in Demokratien ist das sogar weitgehend gefahrlos. Als Leser hat man bei kritischen Büchern, mag der kritisierte Sachverhalt noch so deprimierend sein, gelegentlich auch etwas zum Lachen. Im Kontrast dazu bekommen Bücher, die für etwas sind, sehr schnell eine leicht betuliche Note. Sie sind voller Floskeln wie »man sollte« oder »man müsste«, strotzen von moralischen Aufforderungen und guten Ratschlägen und sind stilistisch meist dröge und darum sehr schwer zu ertragen. Selbst wenn es ihnen gelingt, den Leser oder die Leserin zu überzeugen, dann läuft es oft darauf hinaus, dass der Leser oder die Leserin nickt und nickt und nickt. Und am Ende ist er oder sie eingenickt. Dafürsein ist irgendwie langweilig. Dagegensein ist sexy.

Viele Menschen haben den Glauben daran verloren, dass man die Welt auf eine bessere Spur bringen kann. Seit der Aufklärung haben das immer wieder Menschen oder Gruppen von Menschen – Parteien, Revolutionäre, Umstürzler, Utopisten oder Reformer – versucht, aber oft ist nicht viel Gutes rausgekommen. Wir sind in dieser Hinsicht ein bisschen gebrannte Kinder. Wir wissen, wenn wir uns mit der Geschichte unserer Welt auseinandersetzen, dass Engagement sehr oft auch etwas Gutes bewirkt hat. Die Bürgerrechte der Schwarzen in den USA wären nicht durchgesetzt worden, falls sich nicht Menschen in einer Bürgerrechtsbewegung zusammengeschlossen hätten. In Österreich und Deutschland wurde das allgemeine, gleiche Wahlrecht von Arbeiterbewegungen durchgesetzt, die auch bessere Arbeitsrechte, den Achtstundentag, faire Löhne und eine ordentliche Sozialversicherung erkämpft haben. Das war nur möglich, weil sich einerseits viele Menschen zusammengetan und beispielsweise Parteien gegründet haben, die außerparlamentarisch Druck gemacht und in den Parlamenten Einfluss auf den politischen Prozess genommen haben. Und wir wissen leider ebenso, dass heute kaum mehr jemand etwas von diesen Parteien wissen mag – und die Anführer dieser Parteien wollen vor allem ihre Ruhe haben. Einerseits haben sie gerne Aktivisten, die ihnen etwa bei ihrer Wahlwerbung helfen, andererseits wollen sie nicht von irgendwelchen Weltverbesserern gestört werden bei der »professionellen« Politik.

Kurzum: Wir können uns im Grunde gar nicht vorstellen, wie das praktisch gehen sollte mit der Weltverbesserung. Selbst wenn wir eine ungefähre Idee davon haben, welche Reformen, Gesetze und Maßnahmen unsere Gesellschaften ein Stück weit besser, gerechter und funktionstüchtiger machen würden, scheint es uns ziemlich undenkbar, dass diese in absehbarer Zeit durchgesetzt werden können in einem politischen Betrieb, der von blutleeren Karrieristen oder altmodischen Apparatschiks geprägt und von mächtigen Lobbygruppen gekapert ist. Auch deshalb ist es einfach naheliegender, »dagegen« zu sein – gelegentlich auf sehr diffuse Weise »gegen das alles« – oder sich auf zynische Weise dem ganzen Spiel zu entziehen.

Ich gebe zu, auch mir fielen hundert Gründe ein, einzustimmen in ein großes Klagelied. Seit mehr als zwei Jahren ist die globale Ökonomie in der tiefsten Wirtschaftskrise seit achtzig Jahren, einer Wirtschaftskrise, die durch falsche Deregulierung im Finanzsektor provoziert wurde, und noch immer sind keine nennenswerten Regulierungsmaßnahmen eingeführt, die die Finanzbestie aushungern könnten. Unsere Volkswirtschaften sind so reich wie nie zuvor, aber junge Menschen können nicht einmal damit rechnen, sich einen ähnlichen Wohlstand zu erwirtschaften wie ihre Elterngeneration. Während sich die Reichtümer mehr und mehr konzentrieren, tun viele Firmen so, als könnten sie jungen Praktikanten nicht einmal ein minimales Einkommen garantieren. Für jeden Schwachsinn ist Geld da, aber wir leisten uns immer noch ein Bildungssystem, das mehr als acht Prozent unserer Kinder ohne Abschluss auf den Arbeitsmarkt spuckt. Die immer gleichen Propagandisten neoliberaler Weisheiten verkünden in den unzähligen Fernsehtalkshows, dass wir noch mehr Egoismus und »Selbstverantwortung« brauchen – außer bei den Bankern, die zahlen sich ihre Boni aus den staatlichen Rettungsgeldern. Gespart werden soll bei Hartz IV und bei den Sozialleistungen. Und die Banker zocken schon wieder – mit dem billigen Geld, das die Notenbanken in die Märkte pumpen, und mit den Rettungsmilliarden, die man ihnen mit unserem Steuergeld geschenkt hat. Es läuft weiter, weiter, weiter so.

Daran wird sich nichts ändern, wenn die Menschen zwar wissen, wogegen sie sind, aber man ihnen dass Gefühl vermittelt, dass es eigentlich ziemlich unmöglich ist, irgendetwas zu verbessern.

Im Folgenden will ich eine Lanze brechen für progressive Reformen in unserer Zeit. Zentral dafür sind Vorschläge für eine progressive Wirtschaftspolitik. Denn obwohl die Rezepte der Marktfundamentalisten den Kapitalismus praktisch an den Rand des Kollaps gebracht haben, hält sich absurderweise noch immer das hartnäckige Vorurteil, es wären die Wirtschaftsliberalen und Konservativen, die »etwas von der Wirtschaft verstehen«, während die Linken immer nur Schulden machen und das Wachstum abwürgen wollen. Ich werde zeigen, dass eine Wirtschaftspolitik, die eine gerechtere und fairere Gesellschaft im Auge hat, auch eine in ökonomischer Hinsicht bessere Wirtschaftspolitik ist – und dass die Wirtschaftsinkompetenz der Konservativen gerade darin besteht, dass sie dafür überhaupt kein Verständnis haben. Wahrscheinlich nicht einmal weil sie besonders dumm wären, eher trifft auf sie das Wort Upton Sinclairs zu, der einmal schrieb: »Es ist sehr schwer, einen Menschen dazu zu bringen, etwas zu verstehen, wenn sein Gehalt davon abhängt, dass er es nicht versteht.« Aber ökonomische Fairness und eine einigermaßen gleiche Einkommensverteilung machen nicht nur die Wirtschaft stabiler, sie machen Gesellschaften als Ganzes lebenswerter. Der soziale Stress, der mit großen Reichtumsunterschieden einhergeht, macht unglücklich – und mehr Gleichheit macht die Menschen glücklicher. Progressive Reformen – das heißt aber auch, dass wir unseren Blick nach vorn richten müssen. Früher verstanden sich die Linken wie selbstverständlich als »Kräfte des Fortschritts«, und die Konservativen wurden als »rückwärtsgewandt« wahrgenommen. Aber diese Differenz ist schon lange nicht mehr trennscharf – ja, man kann sogar behaupten, der Fortschritt habe die Seiten gewechselt. Jetzt sind die Konservativen und Neoliberalen für den Wirbelwind der Veränderung und plädieren für »Reformen« – für Maßnahmen, die jeweils das Leben der einfachen Leute erschweren –, sodass viele Linke eher auf die Defensive setzen, auf das Verteidigen sozialstaatlicher Standards gegen die stetigen Angriffe der Marktfundamentalisten. Während sich früher die Weltverbesserer mit dem Zeitgeist im Bunde wähnten und davon ausgingen, dass der gesellschaftliche Wandel zwar nicht automatisch und nicht in allen Details, aber doch im großen Ganzen in Richtung von mehr Gerechtigkeit und sozialem Fortschritt weisen würde, so ist diese Gewissheit gehörig ins

Wanken geraten. »Fortschritt« wird heute oft einfach mit wirtschaftsfreundlicher Innovation gleichgesetzt, die den normalen Menschen mehr Stress bereitet und sie keineswegs glücklicher macht. Die Linke ging deshalb mental in Abwehrstellung.

Aber das ist eine Falle. Einerseits, weil ein vergangenes Arrangement nicht einfach wiederhergestellt werden kann – die Uhr kann nicht zurückgedreht werden. Andererseits, weil wir auf neue Herausforderungen neue Antworten brauchen – auf Probleme wie die ökologische Krise, den Klimawandel, die Endlichkeit fossiler Ressourcen. Dasselbe gilt für die innere Auszehrung der Demokratie, den Verdruss an Parteien, das Desinteresse an Politik. Dem ist nur mit mehr Demokratie in der Demokratie zu begegnen. All diese Dinge verlangen nicht Verteidigung, sondern Verbesserung. Aber vielen Linken ist nicht nur ihre Orientierung auf die Zukunft abhandengekommen, sondern mit dieser auch ihr Optimismus. Und das ist keine Kleinigkeit: Denn aus Optimismus resultiert Hoffnung und aus der Hoffnung die Entschiedenheit und Willenskraft, sich für etwas einzusetzen. Es waren immer die Optimisten, die die Welt verändert haben, niemals die Pessimisten, die von ihrer abgeklärten Gewissheit ausgegangenen sind, dass ohnehin immer alles schlechter wird – oder immer alles gleich schlecht bleibt. Kurzum: Die Linke muss den Fortschritt zurückerobern.

Und sie muss wissen, wofür sie steht: für faire Wohlfahrt für alle und gegen ungerechtfertigte Privilegien jener, die alle Chancen, die meisten Reichtümer, Macht und Einfluss monopolisieren, die wichtige Reformen blockieren und sich Politik und Medien kaufen, um ihre Vorteile zu verteidigen. Für eine Welt, in der die unterschiedlichsten Menschen ihre unterschiedlichen Talente entwickeln können, aber in der alle die gleichen Chancen und ein ausreichendes Maß an Sicherheit haben. Für eine Gesellschaft, in der es wieder gerecht zugeht. It's that simple. Wenn das nicht die Begriffe sind, die den Menschen gewissermaßen automatisch in den Kopf kommen, wenn von linken oder sozialdemokratischen Parteien die Rede ist, dann haben diese Parteien verdammt viel falsch gemacht.

Wir können immer gut erklären, warum »die Linken« – das linksliberale Milieu, die progressiven Nichtregierungsorganisationen (NGOs), die Parteien der demokratischen Linken – in dem Zustand sind, in dem sie sind. Es fehlt im Folgenden auch nicht an Erklärungen dafür. Aber, um Karl Marx zu paraphrasieren: Es reicht natürlich nicht aus, die politischen Kräfte der Linken zu interpretieren.

Es kommt darauf an, sie zu verändern.

1. Für einen »guten« Kapitalismus!

Eine Gesellschaft, die alle Bürger am Wohlstand beteiligt, ist auch wirtschaftlich funktionstüchtiger.
Die Wirtschaftskompetenz der Progressiven besteht darin, dass sie das verstehen.

Anfang Februar 2010 gingen in Colorado Springs buchstäblich die Lichter aus. Die Stadtverwaltung hatte verfügt, dass mehr als ein Drittel aller Straßenlaternen für immer dunkel bleiben würden. In der zweitgrößten Stadt im US-Bundesstaat Colorado fuhren in den Abend- und Nachtstunden sowie am Wochenende keine öffentlichen Verkehrsmittel mehr. Wer sich in der Finsternis auf der Straße zu ängstigen begann, konnte auch nicht mehr darauf vertrauen, dass im Notfall die Polizei zur Stelle sein würde, denn die hatte so wie die Feuerwehr ihren Betrieb auf Sparflamme umgestellt. Die Polizeihelikopter wurden im Internet zum Verkauf angeboten. In den Parks hatten die zuständigen Behörden die Mülleimer abgeschraubt und durch Schilder ersetzt, auf denen die Bürger aufgefordert wurden, bitte ihren Unrat selbst aufzusammeln und mit nach Hause zu nehmen – die regelmäßige Entleerung durch die Müllabfuhr sei von der Stadt finanziell nicht mehr zu verkraften. Aber auch dieses Problem hat sich als nicht so drückend erwiesen, da die Parks bald nicht mehr sonderlich einladend ausgesehen haben. Das Budget für Blumen und Düngemittel wurde auf eine elegante Null heruntergeschraubt, und auch eine Bewässerung der Parks ist künftig nicht mehr vorgesehen: die Wasserrechnungen kann die Stadtverwaltung nicht mehr bezahlen. Die grünen Wiesen werden sich nach der ersten längeren Trockenperiode in braunes erdiges Ödland verwandeln. Gemeindezentren, Tagesstätten für die Alten, Kindergärten – alles wurde aus Kostengründen eingespart. Die städtischen Museen bekamen noch eine Gnadenfrist, in der sie sich um private Sponsoren umsehen konnten.

So sieht er im Endeffekt und im Extremfall aus, der »schlanke Staat«, der durch niedrige Steuersätze das Unternehmertum und die Eigenverantwortung der Individuen fördern will. In die Totalbredouille wurde die Stadt Colorado Springs gebracht, weil die Einnahmen aus Umsatzsteuern aufgrund der Wirtschaftskrise um 22 Millionen Dollar eingebrochen sind. Im Boom hatten die Bürger auf Pump eingekauft, und ein Teil des Geldes floss über Verbrauchersteuern in die kommunalen Kassen. Aber damit war nun Schluss: Konsumentenkredite gab es nicht mehr, viele Menschen waren arbeitslos geworden und hatten deshalb kein Geld mehr zum Ausgeben, andere wiederum hatten aufgrund der düsteren Wirtschaftsaussichten ihr Vertrauen verloren und begannen, zur Sicherheit ihr Geld zu horten, statt es als Käufer in den Wirtschaftskreislauf zu pumpen – was wiederum die Einkommen der Firmen schmälerte, sodass diese noch mehr Leute entlassen mussten und so weiter. Wenn eine solche Abwartsspirale einmal in Gang gesetzt ist, dann schraubt sie sich weit nach unten.

Und keiner soll glauben, verwaiste Autobusstationen, eingemottete Polizeifahrzeuge, geschlossene Kindertagesstätten oder verödete Parks wären nur ein Phänomen amerikanischer Städte, weil dort der »Raubtierkapitalismus« eben besonders brutal sei. Im Sommer 2010 sorgte auch in Deutschland eine Studie für Aufsehen, die die Sparpläne deutscher Kommunen systematisiert hat. Das Ergebnis ist eindeutig: Die Kassen sind so klamm, dass Zustände wie in Colorado Springs auch zwischen Anklam und Zwickau bald die Regel sein könnten: 31 Prozent der Kommunen wollen bei der Straßenbeleuchtung Geld sparen, 29 Prozent bei der Jugend- und Seniorenbetreuung kürzen, 14 Prozent wollen Bäder schließen und 11 Prozent den Nahverkehr ausdünnen.[1]

Viele Möglichkeiten, zu Geld zu kommen, haben die Gemeinden nicht. Die Stadtverwaltung von Colorado Springs übrigens hatte, noch bevor die Lage gänzlich dramatisch wurde, in ihrer Verzweiflung noch versucht, die Einkommenssteuer zu erhöhen – was aber von den Bürgern in einer Volksabstimmung verworfen wurde. Schließlich hatte man ihnen ja seit Jahren eingetrichtert, dass höhere Steuersätze ein Übel seien und die Wirtschaft am Prosperieren hinderten.

Die Wirtschaft wird in der Wirtschaft gemacht, und der Staat soll sich so weit wie möglich raushalten, so lautete die Parole.

Erinnern wir uns noch einmal kurz an die Doktrin, die uns diese Malaise eingebrockt hat, zumal sie ja auch heute nicht gänzlich tot ist: Schließlich trommeln deren Anhänger immer noch, in Wirklichkeit hätten nicht die Märkte versagt, sondern die Staaten. So wird beispielsweise die Legende gestrickt, den Hauptanteil am Kollaps der globalen Finanzmärkte hätten die staatsnahen amerikanischen Hypothekenbanken Fannie Mae und Freddie Mac, weil diese auf Wunsch der Regierung Immobilienkredite an einkommensschwache und damit nicht kreditwürdige Kunden vergeben hätten. Daran ist richtig, dass die beiden Institute zeitweise verantwortungslos Kredite vergeben hatten. Aber sie haben im großen Geschäft mit Subprime-Krediten eine verschwindend geringe Rolle gespielt und sich schon im Jahr 2003, als die Immobilienblase so richtig anzuschwellen begann, aus dem Geschäft zurückgezogen. Die Hauptakteure im Business mit Hypothekarkrediten, die wenig zahlungskräftigen Kunden aufgeschwatzt und danach zerteilt, gebündelt und in sogenannte »strukturierte Produkte« verpackt und um die halbe Welt verkauft wurden, waren die privaten Finanzmarktakteure, Hypothekenvermittler und Investmentbanken.

Also Investoren auf den globalen Finanzmärkten, deren Agieren angeblich vor allem segensreiche Wirkungen habe: Weil Märkte, in die sich der Staat nicht einmischt, »effiziente Märkte« seien, würden auch die Finanzmärkte »effizient« funktionieren. Die Preise auf diesen Märkten seien »reale« Preise und böten damit korrekte »Informationen« über die zugrunde liegenden Werte. Auf globalen Investmentmärkten würde das Kapital daher in jene Firmen und Branchen fließen, in denen es bestmöglich eingesetzt wäre. Deshalb würden die Finanzmärkte auch zur »effizienten Allokation des Kapitals« führen, das Kapital somit dort zum Einsatz kommen, wo es am besten zur Wohlstandsmehrung beitragen kann. Auf diesen Finanzmärkten können gerissene Anleger sehr reich werden, was die Schere zwischen mehr und weniger Wohlhabenden aufgehen lässt, aber diese Ungleichheit müsse man in Kauf nehmen, wurde immer wieder gemahnt: denn letztendlich hätten alle etwas davon, wenn die Märkte »optimal« funktionierten, also wenn ihnen niemand, keine regulierenden Behörden, kein Staat, in die unsichtbare Hand fiele. So würden unsere Gesellschaften reicher und reicher, und von dem Reichtum würden dann auch die Ärmeren profitieren, weil der Wohlstand zu ihnen gewissermaßen »durchsickere« – im berühmten, legendären »Trickle-Down-Effekt«, der mit dem Ungeheuer von Loch Ness gemein hat, dass von ihm viel geraunt wurde, obwohl es noch nie jemand gesehen hat. Schließlich würden die Reichen sich große Häuser bauen oder shoppen gehen, und dadurch hätten Installateure und Maurer oder Verkäuferinnen ein Einkommen.

Wenn Regierungen aber versuchten, die Märkte zu zügeln, oder gar durch Sozialprogramme Umverteilungsmaßnahmen in Gang setzten, dann würde die Reichtumsproduktion als Ganze gehemmt. Dann wären die Gesellschaften möglicherweise relativ gleicher, aber insgesamt auf einem niedrigeren Niveau. Die Armen wären dann nicht reicher, sie wären höchstens relativ weniger arm im Verhältnis zu den Reichen. Aber von dieser relativen Gleichheit könnten sie sich nichts kaufen, also würde sie diese Gleichheit nicht glücklicher, sondern unglücklicher machen. Schlimmer noch: Sie würden sich womöglich nicht mehr so anstrengen, weil sie einerseits ein kommodes Auskommen durch den Staat hätten und andererseits das Vorbild der Reichen, Schönen und Erfolgreichen verlorenginge, das ja für die Armen ein Leistungsansporn sei; schließlich haben sie dank denen immer vor Augen, was man erreichen kann, wenn man sich nur anstrengt.

Dass Märkte, wenn man sie nur ungehindert tun lasse, zu »vollkommenen Märkten« werden, die aus sich heraus immer zu einem »Gleichgewicht« und zum »optimalen Output« tendieren, bewiesen die ökonomischen Fürsprecher dieser Doktrin mit einer Reihe elaborierter Ableitungen und betörender Modelle. Dabei wurde das Modell des perfekten Marktes gewissermaßen als Prämisse vorausgesetzt, aus der sich alle weiteren Ableitungen wie von selbst ergaben. Mit der ökonomischen Wirklichkeit und dem echten Leben mussten diese Modelle nicht unbedingt etwas zu tun haben, sie etablierten eher so etwas wie eine

Phantasieökonomie. Lawrence Summers, der frühere US-Finanzminister und nunmehrige Wirtschaftsberater von Präsident Barack Obama, nannte diese Art von Wirtschaftswissenschaftlern deshalb einmal keck »Ketchup-Ökonomen«, und zwar aus folgendem Grund: »Aus der Entdeckung, dass zwei Ketchupflaschen exakt doppelt so viel kosten wie eine Ketchupflasche, ziehen sie den Schluss, dass der Ketchupmarkt ein perfekter, effizienter Markt ist.«

Diese Ökonomen entwickelten komplizierte mathematische Modelle und Formeln, die immer ergaben, dass Märkte effizient funktionieren. Nur leider gingen sie dabei, so der große britische Wirtschaftshistoriker Lord Robert Skidelsky, von Prämissen aus, »die jeder normale Mensch für absurd halten müsste«. Dazu zählten abstruse Vorannahmen wie die, dass auf den »perfekten Märkten« immerzu »symmetrische Information« aller gegeben sei, also jeder Marktteilnehmer stets alle wesentlichen Informationen über den Markt besitze. Eine andere solche Vorannahme war, dass Wirtschaftssubjekte – normale Leute würden sagen: Menschen – stets und primär danach trachten, ihren ökonomischen, materiellen Nutzen zu maximieren, und sich dabei auf schier übermenschliche Art und Weise vernünftig verhalten. Die Modelle setzten also voraus, dass alle Beteiligten immer alles wissen und sich dann diesem Wissen entsprechend stets rational verhalten.

Daran ersieht man schon, dass hinter dieser ökonomischen Doktrin mehr steckt als »bloß« eine wirtschaftstheoretische Lehre, sie gründet auf einem Welt- und Menschenbild. Diese Wirtschaftstheorie geht davon aus, dass Menschen funktionieren wie kühl kalkulierende, optimal programmierte Rechenmaschinen und dass nur vermittels der Preisbildung am Markt die Vielzahl an »Informationen«, die man für das Geschäftsleben braucht, verarbeitet werden kann – und dass der Markt tatsächlich diese Informationen effizient und fehlerfrei verarbeiten kann und alle Informationen transparent zur Verfügung stellt. Wobei »Information« in diesem Zusammenhang nicht nur das meint, was der Laie im Alltagsgespräch unter Information versteht – also Wissen oder Nachrichten, die man aus der Zeitung oder dem Fernsehen oder dem Warenkatalog erfährt oder im Gespräch mit dem Kumpel aufschnappt –, sondern mehr noch: eine unendliche Menge und Abfolge von Impulsen. Wenn ein Passant beim Geschäft X vor einem Schaufenster ein Paar Schuhe betrachtet, den Preis und auch die Fasson der Ware beurteilt, daraufhin aber in einen anderen Laden geht und ein anderes Paar kauft, ist das eine »Information« für das Geschäft X, auch wenn der Kunde mit niemandem in dem Laden gesprochen hat. Falls viele Kunden so agieren, weiß der Ladenbetreiber innerhalb weniger Wochen, dass er seine Schuhe entweder zu einem zu hohen Preis anbietet oder diese längst aus der Mode sind. In beiden Fällen wird er den Preis senken, damit er die Ware noch loskriegt. Und auch der Kunde hat eine Information erhalten: Er weiß jetzt, was Schuhe kosten. Er weiß, wo sie am teuersten beziehungsweise wo sie am billigsten sind. Sehr viel weiß er damit vielleicht nicht – aber möglicherweise genug für derart unkomplizierte Marktoperationen.

Nun mag das in einem solchen simplen Fall wie dem des Schuh-Marktes stimmen und zudem wohl die beste Form der Preisbildung sein, jedenfalls eine bessere als die meisten denkbaren Alternativen (etwa dass ein Beamter im Wirtschaftsministerium den Preis für Schuhe festlegt oder den Verkauf besonders hässlichen Tretwerks verbietet). Aber für kompliziertere Märkte trifft das nur bedingt zu, ja, selbst für Kleinstädte mit nur einem Schuhgeschäft, in denen von »symmetrischer Information« kaum die Rede sein kann, ist dieses Modell höchstens eine hübsche Illustration dafür, wie Märkte »theoretisch« funktionieren, wenn auch leider nicht in der Praxis vor Ort.

Die Modelle, mit denen Ökonomen das effiziente Funktionieren perfekter Märkte beschreiben, haben aber nicht nur ihrer scheinbaren Logik wegen sehr viele Anhänger und in Politik und Publizistik großen Einfluss gewonnen, sondern auch, weil sie so demokratisch anmuten. Die Idee der rational funktionierenden Märkte verwirft jede Möglichkeit des steuernden Eingreifens – etwa von Politikern – in die Wirtschaft und baut auf die »Weisheit der Vielen«. Die Gedankenreihe dahinter lautet in etwa folgendermaßen: Minister, die Regeln aufstellen, oder Gewerkschafter, die Mindestlöhne fordern, sollen ja nicht glauben, sie könnten den Märkten etwas vorschreiben. Die Märkte sind solchen Schreibtischhengsten immer überlegen. Der Minister kann zwei Universitätsstudien absolviert haben und auch sonst ein blitzgescheiter Kerl sein, dennoch kann er nie so viel »wissen«, wie die Märkte »wissen«, in die die Informationsimpulse, also Urteile und Aktivitäten von Tausenden und Abermillionen Marktteilnehmern, eingehen – die Impulse von einfachen Männern und Frauen, die morgens Brötchen und Milch kaufen, nachmittags ein Paar Schuhe und abends eine Versicherungspolice abschließen.

Die »Efficient Market Hypothesis« basiert also auf einem schier basisdemokratisch erscheinenden »Gesetz der großen Zahlen, dem zufolge die durchschnittliche Entscheidung mit umso höherer Wahrscheinlichkeit optimal ist, desto größer die Gruppe ist« (Skidelsky)[2]. Der Markt ist für diesen Typus von Ökonomen »wahrhaft ein Gotteswesen«, schreibt der amerikanische Ökonom John K. Galbraith sarkastisch, »›weiser und mächtiger als der größte Computer‹, wie sich Enthusiasten ausdrücken, der irgendwie die konfuse Masse von verschiedenen individuellen Präferenzen zur allgemeinen Zufriedenheit zu ordnen vermag«.[3]

Nun kann man gewiss einwenden, dass dies auch für Gütermärkte nur ein hübsches Modell ist, das in der Praxis nicht so funktioniert – sei es, weil die Menschen auch auf Gütermärkten nicht nur wie kühle Rechenmaschinen agieren, sondern sich von Moden und Massenpsychosen leiten lassen; weil auch auf Gütermärkten nur sehr selten eine symmetrische, perfekte Information aller Marktteilnehmer existiert; weil auch für Gütermärkte gilt, dass die schönsten Modelle nichts nützen, wenn die Menschen zu wenig Geld in der Tasche haben, um sich die Waren zu kaufen; weil auch auf Gütermärkten große Marktakteure eine überdimensionale Marktmacht anhäufen können. Ganz gewiss taugt die Hypothese der effizienten Märkte nichts, um das Geschehen auf mehreren entscheidenden Märkten einer kapitalistischen Ökonomie zu beschreiben: auf den Arbeitsmärkten, auf den Kapitalmärkten, aber auch – mit einigen Abstrichen –, wie wir gesehen haben, auf den Immobilienmärkten. Die beiden Letzteren sind eng miteinander verschränkt, und zwar einerseits, weil Menschen Immobilien als Wertanlagen kaufen, und andererseits, weil viele Menschen, die ein Haus oder eine Wohnung erwerben, dies über Kredite finanzieren.

Erinnern wir uns noch einmal an eines der Basispostulate der Effizienz-Markt-Theorie: Kapital wird dann optimal eingesetzt, wenn es sich auf möglichst freien Märkten seine Investitionsmöglichkeiten suchen, heute hierhin, morgen dahin fließen, einmal in Aktien, dann wieder in hochspekulativen strukturierten »Finanzprodukten« angelegt werden kann. Aber gerade die Kapitalmärkte sind höchst irrationale Märkte. Mal strömen Milliarden an Dollar oder Euro in bestimmte Anlageformen, seien es Unternehmensanteile in den gerade angesagten »Emerging Markets«, seien es Immobilienzertifikate, wenn der Häusermarkt boomt, seien es Staatsanleihen, seien es komplizierte spekulative Titel. Nur in seltenen Fällen wird man auf Basis realwirtschaftlicher Daten mit einer vernünftigen Begründung vorhersagen können, dass eine bestimmte Geldanlage stetigen Gewinn verspricht. Eine Geldanlage lohnt auch nur, wenn ihr »Wert« am Markt steigt. Der »Wert« am Markt steigt aber dann, wenn morgen genügend Leute bereit sind, das Wertpapier zu einem höheren Preis zu erstehen, als ich es heute erworben habe. Also: Wenn möglichst viele Leute *glauben*, dass es weiter an Wert gewinnen wird. Deshalb sind die Kapitalmärkte so empfänglich für Herdentrieb, überspannte Euphorien, aber auch für Hysterie und Panik. Wenn viele zur gleichen Zeit das Gleiche kaufen, steigt das, was sie kaufen, im Wert; wenn es dagegen im Wert sinkt und alle in Panik versuchen, ihr Wertpapier loszukriegen, fällt es ins Bodenlose. Auf den Kapitalmärkten herrschen die »Animal Spirits«[4], die tierischen Instinkte, wie John Maynard Keynes, der größte Ökonom des 20. Jahrhunderts, pointiert formuliert hat. Von »sozialer Ansteckung« spricht Robert Shiller, ein renommierter Ökonom der Yale University, sie lasse sich am besten mit Begrifflichkeiten der Virologie beschreiben.

Deshalb trägt, so Keynes, die Entwicklung der »organisierten Investmentmärkte manchmal entscheidend zur Instabilität des Systems« bei.[5] Keynes galt ja lange Jahre als toter Hund, seine Lehre von der systemischen Instabilität einer auf sich allein gestellten Marktwirtschaft und der Notwendigkeit, dass Regierungen dafür sorgen müssen, dass die Investitionen auf einem angemessenen

Niveau bleiben und die Nachfrage nicht hinter dem volkswirtschaftlichen Output zurückbleibt, wurde als vorgestrige, gefährliche sozialistische Irrlehre abgetan. Aber seit dem Kollaps der Finanzmärkte ist Keynes wieder zurück. »Die Rückkehr des Meisters« jubelt sein Biograph, Lord Robert Skidelsky, in einem jüngst erschienenen Buch, und amerikanische Nachrichtenmagazine postulieren neuerdings wieder: »We are all Keynesians now!«

Im Übrigen tragen in der wirklichen Welt die Finanzmarktakteure mehr als ein Schärflein dazu bei, dass die Prämissen aus der Modellwelt nicht stimmen. Banken beispielsweise mögen »Transparenz« überhaupt nicht, ohne die aber eine vollständige Information aller Marktteilnehmer nicht vorstellbar ist. Transparenz würde ja etwa bedeuten, dass ihre Kunden die Gebühren und sonstigen Konditionen verschiedener Firmen miteinander vergleichen können. Aber gerade das würde zu Wettbewerb führen und die Profite der Banken schmälern. Nicht zuletzt deshalb entwickelten die Finanzmärkte, wie der Wirtschaftsnobelpreisträger Joseph Stiglitz es formuliert, »absichtlich komplexe Produkte, um im Rahmen der geltenden Vorschriften die Transparenz zu verringern«[6].

Nun sind Kapitalmärkte auf unterschiedliche Weisen mit der Realwirtschaft verbunden, die auf den ersten Blick womöglich nicht für jeden einsichtig sind: Warum sollte die gesamte Ökonomie in Mitleidenschaft gezogen werden, wenn beispielsweise Hunderttausende Menschen ihr Geld in Internetfirmen stecken, diese Anlagen dramatisch im Wert steigen, sie also »reicher« werden – wenn auch nur auf dem Papier – und danach wieder »arm« – wenngleich auch das nur fiktiv? Aber die Auswirkungen sind oft massiv, und im Extremfall – und der Totalkollaps der Märkte 2008 war so ein Extremfall – sind sie dramatisch.

Zunächst einmal, weil die Menschen sich reich fühlen, wenn ihre Vermögenswerte an Wert gewinnen. Wenn sie 50 000 Euro in einem Wertpapierdepot anlegen und dieses auf den Wert von 200 000 Euro steigt, fühlen sie sich reich und werden dann entsprechend konsumieren.

Dasselbe gilt für Menschen, die in einem Haus wohnen, dessen Wert sich jedes Jahr verdoppelt. Wenn diese Menschen einen Job haben, der ihnen 50 000 Euro Einkommen im Jahr bringt, werden sie möglicherweise alles ausgeben – für schöne Möbel, ein neues Auto, Urlaube. Sie müssen ja nicht mehr sparen, sie sind ja schon wohlhabend. Wenn aber ihr Depot infolge eines Crashs an Wert verliert und nur mehr mit insgesamt 30 000 Euro notiert, werden sie möglicherweise wieder fünf Prozent ihres Jahreseinkommens auf die Seite legen. Wenn das viele Menschen gleichzeitig machen, ist das ein empfindlicher Nachfrageausfall für die Wirtschaft. Wenn diese Leute Immobilienbesitzer waren, haben sie möglicherweise, da ihr Haus ohnehin ständig wertvoller und wertvoller wurde, Hypotheken auf ihr Haus aufgenommen, um sich etwas Schönes zu leisten. Dann haben sie, wenn der Markt einbricht, womöglich mehr Schulden, als ihr Haus wert ist. Sie müssen dann den Gürtel ganz eng schnallen, wenn sie nicht gar ihr Haus verkaufen müssen. Wenn es sehr vielen Leuten so ergeht und sehr viele Häuser zum Verkauf stehen, verfallen die Preise noch weiter und weiter. Hinzu kommt: Wenn der Immobilienmarkt eingebrochen ist, wird kaum jemand mehr auf die Idee kommen, neue Häuser zu bauen: Baufirmen, Installateurfirmen müssen ihre Beschäftigten entlassen. All das trägt dazu bei, dass die Wirtschaft in eine Stagnation oder eine Rezession rutscht, wodurch sich auch das allgemeine Wirtschaftsklima verdunkelt. Die Menschen setzen wenig Vertrauen darauf, dass es bald wieder aufwärtsgeht, sie schränken ihre wirtschaftlichen

Aktivitäten ein, was den Abschwung erst recht beschleunigt. Von einer »Rückkopplungsschleife« spricht der Wirtschaftsnobelpreisträger Paul Krugman, also von einer Situation, in der ein Moment des Verfalls das nächste nach sich zieht und verstärkt.

Hinzu kommt, dass Banken und Investmentfonds einerseits selbst bei anderen Banken verschuldet sind, andererseits sie ebendiese Werte in ihren Bilanzen haben, die jetzt plötzlich einbrechen – sie haben in ihren Büchern etwa Aktien oder Immobilienzertifikate, die nun kaum mehr etwas wert sind. Sie können aber nicht einfach auf bessere Zeiten warten. Ihre Bilanzen sind möglicherweise derart in Schieflage, dass sie frisches Geld benötigen. Also müssen sie die Wertpapiere, die ohnehin schon vom dritten Stock ins Erdgeschoss gerasselt sind, verkaufen. Da in einer Krise alle Finanzinstitute gleichzeitig in diese unangenehme Situation kommen, gibt es viele Verkäufer und wenige – oder gar keine – Käufer. Die Werte fallen jetzt in den Keller, in den Bilanzen muss der weitere Kursverfall verbucht werden, in den Büchern werden die roten Zahlen mehrstelliger und mehrstelliger. Ein sich selbst verstärkender Teufelskreis des Wertverfalls.

Dieser Wertverfall reißt auch tiefe Löcher in die Bilanzen der normalen Geschäftsbanken, bei denen sich Bürger oder Unternehmen im Normalfall Geld in Form von Krediten ausleihen können, um Investitionen zu tätigen – normale Bürger, wenn sie eine Wohnung renovieren oder ein Haus kaufen wollen, Firmen, wenn sie in neue Produktionsverfahren investieren oder eine neue Maschine anschaffen wollen. Die Banken müssen aber ihr Kreditvolumen zurückfahren, was heißt: Es gibt kein Geld mehr für Investitionen und auch nicht für Renovierungsarbeiten. Die Konjunktur schlafft ab. Die Firmen können keine neuen Maschinen kaufen, die Fabriken, die die Maschinen herstellen, erhalten keine Aufträge mehr. Die Beschäftigten werden arbeitslos und können nichts mehr einkaufen. Die Produktionsanlagen liegen brach. Wir alle werden ärmer oder besser: Die Volkswirtschaft als solche wird ärmer und damit die allermeisten von uns auch.

All diese negativen Konsequenzen sind die Folge von Herdentrieb, Paniken, von Euphorie, übertriebenem Risikogeist und von gierigem Gewinnstreben auf den Finanzmärkten. Eine der Grundüberzeugungen der wirtschaftsliberalen Ideologie, dass das Streben vieler nach ökonomischem Eigennutz in einer mirakulösen Operation – gewissermaßen hinter dem Rücken und quer zu den Intentionen der Akteure – zum allgemeinen Nutzen, zum Vorteil einer Gesellschaft und in stetige Prosperität umschlägt, ist damit dementiert. Es ist schlichtweg keine größere Irrlehre in der Geschichte des ökonomischen Denkens vorstellbar. Das ungelenkte Streben nach Eigennutz der Vielen schlägt nicht zum Nutzen aller um, sondern gar nicht so selten in ein Desaster. Und die Finanzmärkte sind noch aus einer Reihe weiterer Gründe anfällig für solche katastrophalen Wirkungen. Zunächst aus einem ganz simplen Grund: Angesichts der Summen, die auf dem Spiel stehen, ist der Anreiz zu übertriebenem Risiko und ruchloser Verwegenheit im Finanzwesen besonders groß. Wenn ein Turnschuhfabrikant am Markt besonders aggressiv agiert und möglicherweise gesetzliche Regeln umgeht, kann er damit vielleicht ein paar Millionen Euro mehr verdienen als der Konkurrent, der »konservativ« wirtschaftet und sich an die Gesetze hält. Wer auf den Finanzmärkten riskant zockt, kann jedoch anstrengungslos und in wenigen Tagen Phantasiesummen verdienen, viele Milliarden Euro. Die Verlockung, sich besonders verwegen zu verhalten, ist da entschieden größer, und die Bereitschaft, sich an Regeln zu halten, sinkt, wenn es sich so richtig auszahlt, sie nicht zu beachten. Zudem gehen von Störungen im Finanzsystem viel massivere Gefahren für eine Volkswirtschaft aus als von Störungen in einer anderen Branche.

Angenommen, der Coca-Cola-Konzern wirtschaftet so riskant, dass er zusammenbricht. Gewiss, auch das wäre nicht schön. Hunderttausende Arbeitsplätze würden verlorengehen, und manchen von uns würde ein lieb gewonnenes Produkt fehlen. Aber wir könnten letztendlich ohne Coca-Cola leben, wir könnten auch gut leben, wenn gleichzeitig Coca-Cola, Fanta und Sprite vom Markt verschwinden würden. Ein Zusammenbruch der Finanzindustrie hätte dagegen viel fatalere Folgen. Letztendlich würde der gesamte globale Wirtschaftskreislauf zusammenbrechen. Die Bürger hätten ihre Ersparnisse verloren und keinen Zugriff mehr auf ihre Konten. Die Unternehmen könnten keine Geschäfte mehr mit Zulieferern abschließen und ihre Waren an keine Supermärkte mehr liefern. Es hätte auch niemand mehr Geld, ihre Waren zu kaufen. Die Ökonomie würde einen Herzinfarkt erleiden und zusammenbrechen. Deshalb gelten für die Finanzbranche auch andere Prinzipien als für alle anderen Branchen. Keine Autofirma, und sei sie noch so groß, ist »systemrelevant«. Aber die Banken sind »systemrelevant«. Das heißt: Wenn mehreren großen Banken der Bankrott droht, dann müssen sie einfach vom Staat gerettet werden – ganz egal, ob wir das als »gerecht« oder »ungerecht« empfinden. Aber das ist noch nicht das Ende vom Lied. Denn das Problem besteht darin, dass die Banker das ebenfalls wissen. Und weil sie das wissen, können sie übertriebene Risiken eingehen. Wenn Banker riskante Wetten eingehen, sind sie tendenziell von jener Art: Sie werfen eine Münze, und fällt sie auf Kopf, dann haben sie gewonnen – fällt sie auf Zahl, dann hat der Steuerzahler verloren.

Im Finanzwesen ist, anders als in anderen Branchen, »systemisches Marktversagen« gleichsam programmiert, wie das der Wiener Investmentbanker Willi Hemetsberger nennt. »Wenn Banken in den Konkurs gehen, hat das derartige externe Folgekosten, dass das der Wirtschaft mehr schadet als den Shareholdern der Bank. Deshalb haben Banken eine implizite Rettungsgarantie. Sie können nicht bankrottgehen.« Das beeinflusse auch das Verhalten der Banker. Hemetsberger: »Sie können sich gegen dieses Bewusstsein gar nicht wehren.« Wer würde ein hohes Risiko schließlich schon vermeiden, wenn er sicher sein kann, dass ohnehin andere dafür geradestehen müssen?

In der Finanzindustrie ist also praktisch systemisch angelegt, dass Profite privatisiert und massive Verluste verstaatlicht werden. Eine fatale Mixtur, die verdeutlicht, dass für das Finanzsystem die Hypothese von den »effizienten Märkten« nicht einmal ein hübsches, theoretisch nützliches Modell ist. Sie hat mit dem Funktionieren und dem Anreizsystem der Kapitalmärkte einfach nichts zu tun. »Eigentlich müsste die Kernschmelze der Finanzmärkte im Herbst 2008 die sogenannte ›Effizienzmarkttheorie‹ für alle Zeiten diskreditiert haben«, schreibt deshalb Robert Skidelsky.[7] Hunderte, tausende Milliarden Dollar, die kleine Sparer oder große Vermögende weltweit auf der hohen Kante hatten, wurden in völlig irrwitzig überbewertete amerikanische Immobilien gesteckt und vernichtet – eine »ineffizientere Allokation von Kapital« kann man sich schlichtweg kaum vorstellen. Eine solche Fehlallokation müsste noch den unfähigsten sowjetischen

Wirtschaftsplaner aus KPdSU-Zeiten vor Neid erblassen lassen.

Zu den witzigeren (wenngleich auch irrwitzigeren) Seiten der Chose gehört, dass es nicht nur in der volatilen Welt der Finanzmärkte, sondern auch in der Sphäre der Wirtschaftseliten vielfache sich gegenseitig verstärkende Kreisläufe und Rückkopplungsspiralen gibt. Besteht das Eigeninteresse der Banker logischerweise darin, sich weitgehend unabhängig von staatlichen Regulierungen so viel wie möglich vom global produzierten Kuchen anzueignen, so liefern ihnen die Ökonomen Theorien und Modelle, die dieses Eigeninteresse moralisch behübschen und wissenschaftlich aufpolieren. Mit dem originellen, aber fatalen Effekt, dass die Banker diese Theorien oft selbst glauben. So glaubten sie tatsächlich, dass man auf hochkomplexen Finanzmärkten jedes Risiko absichern und in Wahrscheinlichkeitsrechnung auflösen kann. Ein schönes Beispiel sind die Risikokalkulationen der Banken im Zusammenhang mit den verpackten und verbrieften und um die Welt verkauften Immobilienkrediten. Aus der Erfahrung – also aus historischen Datensätzen – wusste man, wie hoch die Wahrscheinlichkeit eines Kreditausfalls im Subprime-Segment, wie hoch die Wahrscheinlichkeit im gehobenen Segment ist. Angenommen wurde, wenn man nur genügend Kredite in ein Paket verpackt, ist der prozentuelle Ausfall so gering, dass dies für die Banken – oder andere Besitzer dieses strukturierten Papiers – kein Problem darstellt.

Dieses Modell war mathematisch wasserdicht und durch Computersimulationen abgesichert. Aber was die Banker nicht sehen wollten: In dem Moment, in dem solche Prognosemodelle und auf ihnen beruhende Produkte entwickelt wurden, veränderte sich die Realität oder anders gesagt: Die historischen Datensätze, auf denen die

Prognosemodelle beruhten, wurden wirklich »historisch« – nämlich eine Sache der Vergangenheit. Denn ab diesem Zeitpunkt veränderte sich das Verhalten jener Finanzinstitute, die die Kredite vergaben. Sie vergaben die Kredite viel leichtfertiger. Einerseits, weil ihnen die statistischen Modelle sagten, dass das Risiko kalkulierbar war, andererseits, weil sie wussten, dass sie die Kredite binnen weniger Wochen verbriefen und an Investoren auf der anderen Seite des Atlantiks verkaufen würden – also dass das Ausfallrisiko nicht *ihr* Risiko wäre. Da also auf Basis historischer Prognosen neue Finanzinstrumente entwickelt wurden, die das Verhalten der Akteure veränderten, stimmten die Prognosen nicht mehr. »Die mathematisch-statistischen Methoden sind in den Finanz- und Wirtschaftswissenschaften nicht ohne Meriten«, schreibt der Wirtschaftspublizist Rainer Sommer in seinem Buch »Die Suprime-Krise«, da sie »Zusammenhänge in ihrer reinen Form ohne störende Faktoren – wie den realen Menschen – analysieren«. Das Problem bestehe darin, »dass funktionierende Prognosemodelle, sobald sie einmal bekannt sind und sich als ertragreich erwiesen haben, die Realität zu beeinflussen beginnen«.

Um das mit den Worten von Robert Skidelsky zu sagen: Mathematische Modelle arbeiten mit Regelmäßigkeiten, aber gerade »die Innovation – eine menschliche Errungenschaft – macht Regelmäßigkeiten hinfällig«. Deshalb sei es absurd, »sich auf Risikomodelle zu stützen, die auf Zahlen aus der Vergangenheit aufgebaut sind, wenn die Banker jede Woche komplexe neue Finanzprodukte hervorzaubern«. Hauptsächliches Ziel der »Innovationen«, auf die die Wall Street so stolz gewesen ist, war es, nebenbei gesagt, unbedarften Bürgern über Gebührenschinderei und hohe Transaktionskosten ihr Geld in kurzer Zeit aus der Tasche zu ziehen.

An diesen Beispielen sieht man, dass die wirtschaftsliberale Doktrin von ökonomischen Modellen lebt, in die viel Mathematik investiert, aus denen aber jeder gesunde Menschenverstand eliminiert ist. Die Schwäche der Modelle ist für jeden, der über die Verhältnisse der realen Welt nachdenkt, sofort und ohne Weiteres absehbar. Eine schöne Illustration dafür ist auch der Umstand, dass die »Risikomodelle« den Prinzipien der Versicherungsmathematik folgen, die, grob gesprochen, berechnet, wie hoch das Risiko ist, dass ein Schadensfall eintritt. Freilich ist in diesen Kalkulationen nicht leicht darstellbar, was passiert, wenn sich Schadensfälle kumulativ verstärken. In anderen Worten: Wenn ich eine Versicherung gegen Hausbrand anbiete, kann ich leicht kalkulieren: Weiß ich aufgrund der historischen Datenlage, dass ein Haus pro tausend Häuser abbrennt, kann ich leicht berechnen, wie viel an Schadenssumme jährlich anfallen wird und wie viel ich an Versicherungsprämien zu kassieren habe, um meine Kosten zu decken und noch ein wenig zu verdienen. Denn ich weiß auch: Wenn ein (oder in einem schlechten Jahr zwei) Schadensfälle auftreten, zieht das nicht automatisch weitere Schäden nach sich – es ist ja keineswegs so, dass die Nachbarn eines von der Feuersbrunst Heimgesuchten in heller Panik ihre Häuser ebenfalls anstecken. Aber genau das passiert, wenn Kredite ausfallen. Können wegen des Preisverfalls am Immobilienmarkt viele Bürger ihre Kredite nicht mehr begleichen, werden mehr Häuser versteigert, es sind also mehr Häuser am Markt, und die Preise fallen noch weiter in den Keller; wenn viele Menschen auf diese Weise wirtschaftlich ruiniert oder einfach ärmer werden, geben sie weniger Geld aus, und der Ladenbesitzer um die Ecke hat weniger Einnahmen. Möglicherweise wird auch er bankrottgehen und, falls er Kredite am Laufen hat, diese nicht mehr zurückzahlen können. Treten mehrere

Schadensfälle gleichzeitig auf, ziehen sie sofort weitere Schadensfälle nach sich. Das Risiko kumuliert wie bei einem Schneeballsystem. Aber genau das bilden die Risikomodelle der Banken nicht ab – sie unterstellen, dass auf den Finanzmärkten die gleichen Gesetze herrschen wie am Versicherungsmarkt für Eigenheime.

Wohlgemerkt: Jene Ökonomen, die solche Modelle und Theorien entwickelten, haben auch die These in die Welt gesetzt und gestützt, dass, je mehr Freiheit man den Märkten zubilligt, umso mehr Wohlstand geschaffen wird. »Hinter jedem zynischen (oder einfach inkompetenten) Bankvorstand oder Trader saß ein Ökonom, der ihnen (und uns) vom hohen intellektuellen Ross herab versicherte, dass ihre Handlungen von öffentlichem Nutzen seien und dass sie in keinem Fall vom Staat reguliert werden dürften«[8] (Tony Judt). Von diesen Ökonomen beeinflusste neokonservative und wirtschaftsliberale Politiker pochten mit stolzgeschwellter Brust und mehr als einer Prise Überheblichkeit auf ihre »Wirtschaftskompetenz« und kanzelten all jene ab, die es wagten, darauf hinzuweisen, dass ungeregelte Märkte nicht nur soziale Ungerechtigkeiten produzierten, sondern auch massive Instabilitäten. Diese Politiker waren es, die sich mit dem Image schmückten, sie verstünden etwas von »der Wirtschaft«, während sie den Progressiven allenfalls zugestanden, jene seien höchstens »Experten fürs Soziale«, die dauernd den Reichtum umverteilen wollten, ohne zu wissen, wie man den Reichtum eigentlich produziert. Dabei hat die neue Weltwirtschaftskrise wieder einmal gezeigt, dass man es nicht dem Markt überlassen darf, für eine florierende Wirtschaft zu sorgen.

Ohnehin ist es eine Binsenweisheit, die jedem, der nicht vollständig ideologisch verbohrt ist, sofort einsichtig sein muss: dass ein lebenswertes Gemeinwesen zu einem nicht geringen Teil von Ressourcen abhängt, die der Markt nicht produziert – oder die er sogar zerstört. »Märkte produzieren von sich aus zu wenig von manchem, was gesellschaftlich nützlich ist, etwa Forschung, und zu viel von anderem, was schädlich ist, etwa Umweltverschmutzung«[9], formulierte der amerikanische Wirtschaftsnobelpreisträger Joseph Stieglitz. Schon aus diesem Grund ist es eine wichtige Aufgabe des Staates, Dinge im Sinne des Gemeinwesens zu regeln – dazu gehören ein Bildungssystem, das allen eine Chance bietet, ein öffentliches Verkehrswesen, dessen primäres Ziel nicht Profite sind, sondern Mobilität für alle, eine Polizei, die öffentliche Sicherheit für alle garantieren soll und nicht nur für diejenigen, die es sich leisten können, in einer »Gated Community« zu leben.

Mit Blick auf die berühmten Aufgaben des Staates, die Private nicht erledigen oder erledigen können, schrieb Keynes einmal, dass die wichtige Aufgabe für die Regierung nicht darin bestünde, »Dinge zu tun, die Individuen bereits erledigen, und die nur ein bisschen besser oder ein bisschen schlechter zu erledigen; sondern die Aufgabe besteht darin, diejenigen Dinge zu tun, die bisher nicht erledigt werden«. Staatsaufgaben, so Keynes, sind jene Aufgaben *jenseits* der Marktzone, die die Märkte nicht leisten. Aber darüber hinaus hat staatliche Wirtschaftspolitik auch im Kernbereich der Wirtschaft eine Aufgabe. Mag das Spiel von Angebot und Nachfrage und die Preisbildung am Markt auch die effizienteste Art sein, Güter zu produzieren, so produziert der Markt, auf sich allein gestellt, immer auch systemische Störungen, die eine kluge Wirtschaftspolitik ausgleichen muss, und seine kurzfristige Perspektive führt in Sackgassen, die eine kluge Wirtschaftspolitik vorausschauend vermeiden kann.

In der Krise waren plötzlich alle wieder Keynesianer. Sie war, gewissermaßen, ein »keynesianischer Moment«. Aber Achtung: Das heißt nicht, dass diejenigen, die instinktiv einer Ideologie freier Märkte anhängen, über Nacht zur Vernunft gekommen sind. Für sie ist der Keynesianismus eher eine Wirtschaftspolitik »für schlechte Zeiten«, auf deren Einsichten man sich stützt, wenn die Wirtschaft kracht, die man aber wieder vergisst, sobald es besser läuft. Infolge des Zusammenbruchs der Finanzmärkte krachte die Konjunktur in der Realwirtschaft ein, und viele Firmen erlebten einen dramatischen Nachfrageeinbruch. Deshalb mussten nicht nur die Banken mit vielen Tausenden Milliarden Dollar vor dem Kollaps gerettet werden, die Staaten pumpten ebenso viel Geld in die Wirtschaft – als Konjunkturprogramme. Denn die Konsumenten konnten weniger einkaufen, und die Firmen produzierten weniger und stellten auch ihre Investitionen ein, einerseits, weil sie wussten, dass sie für ihre Produkte nicht mehr ausreichend Käufer finden würden, andererseits, weil sie wegen der Bankenkrise keine Kredite mehr bekamen, um ihre Investitionen zu finanzieren. Weil die Firmen nicht mehr investierten, brach auch der Markt für jene Unternehmen ein, die Maschinen und andere Investitionsgüter herstellten. Vor allem die Exportindustrie litt massiv. In dieser Situation drohte, dass alle Firmen zusammen massiv Beschäftigte entlassen – was diese um ihr Einkommen gebracht und in einer zweiten Schleife die Konsumnachfrage noch einmal massiv beeinträchtigt hätte. Aufgrund der schnellen und massiven Intervention der Regierungen wurde manches abgefedert.

Die Staaten haben in einer solchen Situation eine Reihe von Reaktionsmöglichkeiten. Die simpelste ist, dass die Zentralbanken die Zinssätze senken in der Hoffnung, dass dann die Banken mehr Geld verleihen und dies zu günstigen Konditionen, sodass die Firmen trotz eines eingetrübten Wirtschaftsklimas Investitionen tätigen – weil sie in dem Moment einmalig billig wären. Genau das ist aber nicht geschehen, weil trotz niedriger Zentralbankzinsen die Kreditzinsen für Private relativ hoch blieben – da die Banken aufgrund der Kreditkrise Liquidität zu horten versuchten; sie wussten ja schließlich nicht, welche Katastrophen noch auf sie zukommen würden. Eine zweite Variante ist, dass die Regierungen ihre Ausgaben erhöhen und durch Verschuldung finanzieren – und mit dem Geld nützliche Investitionen tätigen, etwa durch Schulbau, Wärmedämmung öffentlicher Gebäude, durch Subvention des Autokaufs oder was auch immer die Beschäftigung in bestimmten Branchen, etwa der Bau- oder der Autoindustrie, ankurbelt.

An sich ist das eine simple Sache, sie hat nur einen kleinen Haken: Viele sinnvolle Investitionen haben einen gehörigen Timelag. Wenn die Regierungen beschließen, mit öffentlichen Investitionen einen Kick-Start der Wirtschaft zu versuchen, kann das Geld nur in Projekte fließen, die bereits im Planungsstadium sind – oder in Projekte, die sich relativ kurzfristig planen lassen. Ambitionierte Zukunftsprojekte, wie die Totalmodernisierung des Stromnetzes oder der massive Ausbau von Datenleitungen, lassen sich nicht von heute auf morgen realisieren. Wenn man sie heute beschließt, zeitigen sie vielleicht erst in drei, vier Jahren ihre positiven Wirkungen. Deshalb erscheinen viele der Konjunkturprogramme phantasielos und konventionell und fließen, salopp gesagt, vor allem in Beton: Man renoviert Straßen, die eigentlich noch befahrbar sind, oder baut Brücken, die niemand braucht. Eine zweite Variante der Wirtschaftsstimulierung wären Steuersenkungen. Auch diese müssen, wenn sie ihre Wirkung entfalten sollen, auf Pump finanziert werden, denn die Regierungen können ja in dieser Situation nicht ihren Haushalt kürzen – das würde nur zu weiteren Nachfrageeinbrüchen führen. Der Nutzen von Steuersenkungen ist leicht erklärt: Die

Bürger haben mehr Geld in der Tasche und können mehr einkaufen. Den Anhängern des Wirtschaftsliberalismus ist eine solche Form der Konjunkturbelebung am sympathischsten, weil die Wirtschaftsimpulse von individuellen Konsumenten gesetzt werden und daher aus ihrer Sicht jenen Unternehmen zugutekommen, die am Markt gut dastehen, während Wirtschaftsbelebung durch öffentliche Investitionen ihrer Meinung nach heiße, dass Ministerialbürokraten nach Gutdünken Aufträge an Firmen vergeben – möglicherweise auch an schlechte, unproduktive Firmen, die am Markt vorbeiproduzieren.

Die Sache hat allerdings einen Haken: Steuersenkungen haben nie denselben stimulierenden Effekt wie Staatsausgaben. Wenn die Regierung den Bürgern 100 Euro an Steuern »schenkt«, dann werden die möglicherweise 30 Euro sparen und nur 70 Euro ausgeben (und in einer Krise, in der die Menschen Zukunftsangst haben und wie in dieser konkreten Krise massenhaft überschuldet sind, werden sie wahrscheinlich noch mehr davon sparen). Diese 70 Euro nimmt dann eine Firma ein, die damit wiederum die Gehälter ihrer Mitarbeiter bezahlt, die wiederum einen Teil sparen und einen Teil ausgeben, was sich wiederum in Einkommen für andere Firmen übersetzt usw. Das heißt, von den 100 Euro geht aufgrund dieser Kettenreaktion, die die Ökonomen den »Multiplikatoreffekt« nennen, eine stimulierende Wirkung im Umfang von vielleicht 120 Euro aus. Wenn nun der Staat diese hundert Euro direkt in den Wirtschaftskreislauf einspeist, ist der erste Impuls nicht 70 Euro wie beim Bürger (da der Staat ja nicht einen Teil des Geldes in den Sparstrumpf stopft), sondern 100 Euro – und auch an jedem weiteren Punkt des Kreislaufes ist der Impuls entsprechend höher. Deswegen haben staatliche Investitionsausgaben von 100 Euro kurzfristig einen Stimuluseffekt von 150 Euro zur Folge – und längerfristig von 200 oder 250 Euro. Und darum sind staatliche Investitionsausgaben zur Belebung der Konjunktur in der Krise erfolgversprechender.

An dieser Stelle kommt erstmals eine positive Seite des Sozialstaates zum Tragen. Der Staat gibt sein Geld ja für eine Reihe von Dingen aus, die die Gesellschaft gerechter machen und dafür sorgen sollen, dass diejenigen, die Pech im Leben haben, nicht ins Bodenlose fallen. Wenn jemand krank wird, kommt die Krankenkasse für seine Behandlung auf, aber auch für seinen Verdienstausfall, und alte Menschen beziehen Rente. Wer arbeitslos wird, erhält Arbeitslosengeld, wer länger arbeitslos ist, dem wird zumindest das Existenzminimum in Form einer Mindestsicherung finanziert, mag die auf Namen wie Hartz IV oder Sozialhilfe hören. Ins Weichbild der staatlichen Sozialprogramme gehört auch das Kurzarbeitergeld, das vom Sozial- oder Arbeitsministerium an jene Arbeitnehmer überwiesen wird, deren Firmen sich aufgrund der klammen Auftragslage die Vollzeitbeschäftigung und -bezahlung ihrer Belegschaften nicht mehr leisten können. Das hat den Vorteil, dass die Beschäftigten nicht sofort entlassen werden und, sollte es wirtschaftlich irgendwann besser laufen, wieder ihr volles Gehalt erhalten. Und bis dahin stockt der Staat ihr Kurzarbeitereinkommen auf. All diese Maßnahmen schützen die Menschen vor dem schnellen Absturz ins Elend und sorgen dafür, dass sie Geld in der Tasche haben, obwohl es mit der Wirtschaft bergab geht. Diese Bürger können dann auch in wirtschaftlich schlechten Zeiten einkaufen. Die sozialstaatlichen Sicherungssysteme sind also nicht nur eine Hilfe für vom wirtschaftlichen Ruin bedrohte Menschen (und deshalb sozial gerecht), sondern auch wirtschaftlich nützlich. Ökonomen nennen solche Mechanismen, die ohne staatliche Einflussnahme auf konjunkturelle Veränderungen reagieren, »automatische Stabilisatoren«, eben weil sie eine ähnliche Entwicklung entfalten wie Konjunkturprogramme, aber dies automatisch und schneller tun, also ohne dass irgendjemand sie in administrativen Prozessen beschließen müsste. Freilich führen diese »automatischen Stabilisatoren« im Falle eines Wirtschaftsabschwungs auch automatisch zu höheren Staatsausgaben. Wenn die Arbeitslosigkeit steigt, haben die Sozialkassen automatisch Mehrausgaben.

Auf diese Weise stabilisiert der Sozialstaat die instabilen Ausschläge, für die das Auf und Ab der Märkte sorgt. Solche Stabilisatoren schützen eine Volkswirtschaft davor, auf jede kleine Bewegung der Konjunktur stark zu reagieren. Würde mit jeder Konjunkturdelle sofort die Nachfrage dramatisch einbrechen, weil viele Menschen ohne Zeitverzug ihr Einkommen verlieren, dann wäre das Hü und Hott der Märkte noch viel dramatischer, als es heute in den meisten Ländern der Fall ist. Der Sozialstaat leistet also einen Beitrag zu stabiler Prosperität. Mögen die neoliberalen Kritiker des Sozialstaates auch trommeln, dieser »verschwende« viel zu viel Geld unproduktiv, alimentiere Faulpelze und schade deshalb einer brummenden Wirtschaft, so ist das Gegenteil wahr. Er ist nicht nur gerecht, er ist auch wirtschaftlich nützlich.

Freilich, all diese Staatsausgaben kosten Geld. Im Boom tun die Regierungen gut daran, ihre Ausgaben über Steuern zu finanzieren und keine zusätzlichen Schulden aufzunehmen; in der Krise hingegen wird den Regierungen nichts anderes übrig bleiben, als sich zu verschulden, weil sie ja die Nachfragelücke auf den Märkten ausgleichen müssen. Die wirtschaftsliberalen Kritiker einer interventionistischen Wirtschaftspolitik merken nun an, dass aufgrund der »Schuldenwirtschaft« die stimulierenden Effekte der staatlichen Ausgabenpolitik konterkariert werden. Das Argument lautet folgendermaßen: Wenn Staaten sich verschulden, dann heißt das ja nichts anderes, als dass sie auf den Finanzmärkten Kredite aufnehmen. Aber auf diesen Finanzmärkten ist erstens ja nicht Kapital in unbeschränktem Maß vorhanden, und zweitens leidet mit ansteigender Staatsschuld die Bonität – die Investoren halten dann womöglich einen Bankrott dieses Staates für denkbar, im Extremfall sogar für wahrscheinlich und lassen sich dieses Risiko durch höhere Zinsen bezahlen.

Wenn also die Staaten viele Schulden aufnehmen, dann steigen die Zinssätze – letztendlich auch für Private. Das führt wiederum dazu, dass private Unternehmen Investitionen unterlassen, weil ihnen einfach die Kreditzinsen zu hoch sind. Staatsausgaben hätten also keinerlei konjunkturellen Effekt, sondern würden nur private Investoren verdrängen und durch staatliche Investitionen ersetzen. Aber ein konjunktureller Einbruch ist ja gerade dadurch gekennzeichnet, dass zu viel gespart und zu wenig investiert bzw. konsumiert wird. Deshalb kann man in praktisch jedem Einführungswerk in die Makroökonomie lesen, dass es »in einer Volkswirtschaft mit ungenutzten Ressourcen keine vollständige Verdrängung geben« wird.[10] Ein subtileres Argument, formuliert Robert Skidelsky, unterstellt »›ein psychologisches Crowding-Out‹: Nimmt das Vertrauen in die Politik des Staates Schaden, muss er unter Umständen einen höheren Preis für seine Schulden bezahlen, was dann auch die Kreditkosten für den Privatsektor in die Höhe treibt.«[11]

All das ist nicht völlig falsch, gleichwohl man auch im Gegenteil argumentieren könnte, dass die staatliche Wirtschaftstätigkeit die Einkommen erhöht oder zumindest stabilisiert, was wiederum auch das Sparniveau erhöht und damit die Zinssätze wiederum senkt. Wie wir an der Vielzahl komplexer Zusammenhänge schon sehen, sind die

Dinge nie ganz simpel, und sie können sich je nach Lage unterschiedlich darstellen. Im Boom führt staatliche Kreditaufnahme sicherlich zu einem höheren Ausmaß an Verdrängung als in einer Depression, aber auch in der Krise wird es leichte konterkarierende Effekte geben, sodass man bei einem kreditfinanzierten Konjunkturprogramm von 1 Milliarde Euro wohl einen kleinen Prozentsatz an stimulierender Wirkung abziehen sollte. Aber eine vollständig konterkarierende Wirkung ist eine Phantasievorstellung.

Wenn die Dinge schlecht laufen, ist es nur mehr der Staat, der die Wirtschaft aus einer Depression ziehen kann. Tut er es nicht, kürzt er selbst noch seine Budgets (weil er ja aufgrund der Steuerausfälle weniger Geld einnimmt als vor der Krise), dann spart er noch in den Abschwung hinein und verschlimmert ihn. Im Extremfall ist dann eine langandauernde Stagnation oder Depression die Folge wie in der großen Wirtschaftskrise der 1930er Jahre, die für alle Industriegesellschaften ein verlorenes Jahrzehnt markierte und neben den wirtschaftlichen auch politische Katastrophen nach sich zog. Wer in einer solchen Situation etwa mit Panikmache vor Staatsverschuldung versucht, notwendige Konjunkturprogramme zu verhindern, der versteht im Grunde nichts von Makroökonomie: Folgt man seinen Ratschlägen, wird der Staat zwar weniger verschuldet sein (und nicht einmal das ist sicher), aber die gesamte Volkswirtschaft wird aufgrund der kumulativen Reichtumsvernichtung sehr viel ärmer sein. Und umgekehrt: Wird diese Reichtumsvernichtung verhindert, ist es leichter, die Schulden abzutragen, als wenn man den freien Fall zulässt und dann versucht, die Wirtschaft wieder zum Laufen zu bringen. Denn was in der Zwischenzeit an Wohlstand verloren wurde, kommt nie mehr zurück.

Aber der Staat hat auch in wirtschaftlich guten Zeiten seine Aufgaben, und die wurden in den vergangenen Jahrzehnten sträflich vernachlässigt. Er muss die Marktwirtschaft so regulieren, dass von Risikogeist und rücksichtslosem Gewinnstreben keine fatalen Gefährdungen für das Gemeinwesen ausgehen, und dazu beitragen, dass es gerecht zugeht. Märkte sorgen nicht für Gerechtigkeit: Auf den Märkten gewinnt, wer Glück hat, und verliert, wer Pech hat. Der Markt ist ein Mechanismus, der die Geschickten oder auch die Gerissenen belohnt und die weniger Geschäftstüchtigen oft leer ausgehen lässt. Kategorien wie Gerechtigkeit oder Wohlstand für alle sind einfach keine Kategorien, die im Rahmen der Marktlogik Relevanz haben. Sie haben aber für den Zusammenhalt einer Gesellschaft große Bedeutung und damit auch wieder für das gesellschaftliche Klima und eine Reihe von Umständen, die eine entwickelte Marktwirtschaft für ihr Gedeihen braucht. Und natürlich entscheiden nicht nur Glück und Pech über Erfolg in einer Marktwirtschaft. Die totale demokratische Reziprozität am Markt gibt es nur in den Phantasiemodellen der marktideologischen Ökonomen. Große Firmen haben große Macht, ein kleiner Arbeiter oder Angestellter hat wenig Macht. Starke Gewerkschaften haben dieses Ungleichgewicht zeitweise ausgeglichen, aber diese Zeit ist vorbei. Große Unternehmensverbände und Lobbyisten haben viele Möglichkeiten, auf die Regierungen Einfluss zu nehmen. Oft werden Exbanker Finanzminister, sodass man, etwa in den USA, schon von einem regelrechten Drehtürmodell sprechen muss: raus aus dem Bankvorstand, rein in die Regierung und wieder zurück. Wirtschaftsliberale Think-Tanks wiederum, die von großen Banken, Unternehmen und Interessenvertretungen finanziert werden, sind bestens ausgestattet und sehr geschickt darin, ihre Meinungen unters Volk zu bringen, während der einzelne Bürger oft keine Möglichkeit hat, sich Gehör zu verschaffen.

Also: Auf freien Märkten herrscht nicht nur das schöne, elegante Spiel von Angebot und Nachfrage. Sondern sehr oft einfach das Recht des Stärkeren.

Mit dem Ergebnis, dass es oft nicht gerecht zugeht – was wiederum in sehr vielen Fällen wirtschaftlich nachteilige Folgen hat. Denn Gerechtigkeit – oder mit anderen Worten: die faire Beteiligung von möglichst vielen Bürgern am Wohlstand – ist kein langweiliges moralisches Gebot, das in einem Spannungsverhältnis zu den Geboten der Marktwirtschaft stünde. Gerechtigkeit ist wirtschaftlich nützlich. Und chronische Ungerechtigkeit schadet.

Und zwar im Wesentlichen aus vier Gründen. Erstens: Wohlstand für alle stärkt die Kaufkraft und die Binnennachfrage, belebt die Wirtschaft und macht eine Volkswirtschaft unabhängiger von der Exportnachfrage. Das gilt auch in einer offenen, globalisierten Welt. Zweitens: Wenn alle Menschen in materiell sicheren Verhältnissen leben, können auch alle Menschen ihre Talente entwickeln. Mehr Menschen tragen dann zum Wohlstand bei. Menschen am Rande der Gesellschaft zu belassen, sodass ihre Möglichkeiten verkümmern, ist nicht nur ungerecht, es ist auch ineffizient. Drittens: Haben die Bürger das Gefühl, dass es nicht gerecht zugeht, werden sie sich weniger engagieren. Sehen junge Menschen aus unteren sozialen Schichten buchstäblich keine Chance, werden sie sich auch nicht anstrengen, etwas aus ihrem Leben zu machen – sie sind dann ja der Überzeugung, das habe ohnehin keinen Sinn. Alle Erfahrung zeigt, dass sich Menschen mehr anstrengen, wenn sie das Gefühl haben, dass sie eine faire Chance haben und sich Mühe lohnt. Viertens: Unterprivilegiertheit vererbt sich. Wer in Armut geboren ist, hat geringere Startchancen. Oft haben schon sechsjährige Buben und Mädchen einen Rückstand, den sie ihr ganzes Leben nicht mehr aufholen. Sie sind geborene Verlierer. Das ist nicht nur ungerecht, sondern verschwendet das Potenzial von Menschen, die etwas zum Wohlstand und zur Prosperität beitragen könnten.

Deshalb ist eine gute Sozialpolitik auch eine gute Wirtschaftspolitik. Es gehört zu den fatalsten Fehlentwicklungen der vergangenen Jahrzehnte, dass die wirtschaftsliberalen Herumfuchtler, die im schneidigen Tonfall postulieren, man müsse mehr Härte ins Wirtschaftsleben bringen, die Löhne müssten nach unten »flexibel« werden und die »soziale Hängematte«, die der Wohlfahrtsstaat spannt, müsse aufgeknüpft werden, dass diese Prediger einer ökonomischen Kampfesstimmung für sich in Anspruch nehmen konnten, sie verfügten über »Wirtschaftskompetenz«. Und gleichzeitig hängten sie den progressiven Kräften das Image an, diese hätten ein romantisches Sozialideal, würden gerne die Früchte des Wohlstands fair verteilen, hätten aber keine Ahnung, wie man den Wohlstand ordentlich erwirtschafte. »Ordentliches Wirtschaften« wurde mit der simplen Ökonomie identifiziert von der Art, wie sie auch der schwäbischen Oma einsichtig ist: Man muss brav sparen, denn nur so werde man reich. Und wer zu viel ausgibt, wer womöglich sogar aus falsch verstandener Menschenfreundlichkeit anderen zu viel Geld zukommen lässt, der wirtschafte schlecht und arbeite deshalb an seinem eigenen Ruin. Aber das stimmt nur in der Welt der Oma und möglicherweise noch in der kleinen Welt eines braven Kaufmanns, aber für ein so kompliziertes und vielfältig verwobenes Ding wie eine ganze Volkswirtschaft stimmt das nicht – und erst recht nicht für die globale Ökonomie. Wenn allzu viele versuchen, möglichst viele andere übers Ohr zu hauen, stellen sie sich selbst ein Bein. Wer sich Vorteile auf Kosten anderer erwirtschaften will, mag kurzfristig erfolgreich sein, aber auf lange Sicht macht er uns alle zusammen ärmer. Die Wirtschaftskompetenz der Progressiven besteht exakt darin, dass sie das verstehen. Und die gefährliche wirtschaftspolitische Inkompetenz der Neoliberalen und Neokonservativen besteht exakt darin, dass sie das nicht verstehen. Einzelwirtschaftliches Denken nützt eben nur aus der Perspektive des einzelnen Geschäftsmanns, wenn sich eine ganze Volkswirtschaft diese Logik zu eigen macht, führt das jedoch in eine Sackgasse und in eine Spirale, an deren Ende alle ärmer sind.

Für einen kleinen Fabrikanten mag es einen Wettbewerbsvorteil bringen, bei den Gehältern seiner Beschäftigten zu sparen und so billig wie möglich zu produzieren. Aber wenn das alle Fabrikanten versuchen würden, würde niemand von ihnen froh. Denn alle zusammen brauchen sie auch Konsumenten, die ihre Waren kaufen können. Wenn die Menschen kein Geld mehr haben, haben die Unternehmen auch keine Kunden mehr. Hinzu kommt: Ordentliche Löhne sind, da jeder Unternehmer die Kostenseite seiner Produktion im Auge haben muss, auch ein Ansporn zu Rationalisierung, zur Erfindung besserer Maschinen usw. Selbst wenn durch solche Investitionen einige Menschen arbeitslos werden, wächst doch die Produktivität der gesamten Volkswirtschaft, sofern die Menschen, die ihre Jobs verlieren, nicht ins Nichts fallen, sondern in einer Ökonomie, die stetig mehr Reichtum produziert, neue Jobs finden können. Höhere Löhne stellen also einen impliziten Anreiz für technologischen Fortschritt dar, Niedriglöhne dagegen sind oft dafür verantwortlich, dass eine Volkswirtschaft zurückfällt.

Doch gerade in Deutschland – und mit Abstrichen auch in Österreich – hat man im vergangenen Jahrzehnt unter dem Einfluss wirtschaftsliberaler Doktrinäre eine gefährliche Strategie eingeschlagen. Die Reallöhne stiegen nicht mehr, sondern sanken vielmehr, und man führte einen regelrechten Niedriglohnsektor ein. Um 14 Prozent hat sich die »Wettbewerbsposition« Deutschlands in den vergangenen Jahren »verbessert«, um sechs Prozent jene von Österreich. »Verbessert«, das klingt sympathisch. Aber das heißt nichts anderes, als dass die Lohnstückkosten in den beiden Ländern im Vergleich zu ihren Wirtschaftspartnern dramatisch gesunken sind – und zwar, weil die Löhne gesunken beziehungsweise langsamer gewachsen sind als die Produktivitätszuwächse. »Insgesamt waren die Brutto- und Nettoverdienste je Arbeitnehmer im Jahr 2008 preisbereinigt um 2,3 Prozent beziehungsweise 2,2 Prozent geringer als im Jahr 2000«[12], rechnet Peter Bofinger vor, Ökonomieprofessor in Würzburg und einer der fünf deutschen »Wirtschaftsweisen«, denen die Begutachtung der »gesamtwirtschaftlichen Entwicklung« des Landes aufgetragen ist. Zugleich ist auch die Einkommensungleichheit angestiegen. Im Jahr 1987 verdiente ein Vorstandsmitglied im Durchschnitt das 23-Fache eines Arbeitnehmers, im Jahr 2007 war es das 109-Fache. Stark zugenommen hat die Unterschicht, deren Anteil sich von 19,2 auf 24,2 Prozent erhöhte. Bofinger: »Die zunehmende Einkommensungleichheit ist ein nicht nur in Deutschland zu beobachtendes Phänomen. Allerdings zeigen Berechnungen der Internationalen Arbeitsorganisation, dass es in diesem Jahrzehnt kein Industrieland gegeben hat, in dem die Ungleichheit so stark zugenommen hat wie in Deutschland.«[13] Auch die OECD, der Zusammenschluss aller Industriestaaten, kam zu dem Urteil: »Seit dem Jahr 2000 haben in Deutschland Einkommensungleichheit und Armut stärker zugenommen als in jedem anderen OECD-Land.«

Aufgrund des Produktivitätsfortschrittes war es möglich, die gleiche Gütermenge zu immer geringeren Kosten und mit immer weniger Menschen zu produzieren. Aber aufgrund der niedrigen Einkommen waren die Bürger immer weniger in der Lage, die Güter auch zu kaufen. Von der deutschen Binnennachfrage ging überhaupt kein Wirtschaftsimpuls mehr aus. Wachstum gab es nur noch aufgrund des Anstiegs der Exporte, da die deutschen Waren für die Wirtschaftspartner immer billiger wurden – oder anders gesagt, weil andere Volkswirtschaften niederkonkurriert wurden, was kurzfristig Vorteile verschafft, aber langfristig große Probleme nach sich zieht, wovon noch die Rede sein wird. Deutschland hat sich, sekundiert der Ökonom und Unctad-Direktor Heiner Flassbeck, »durch den Ausfall von Binnennachfrage selbst geschadet und auf diese Weise eigenes Wachstums- und Einkommenspotenzial verschenkt. Das ist das zentrale Übel, an dem unser Land seit gut zehn Jahren krankt. Die Therapie der Lohndrücker reproduziert und verschärft die Krankheit, die sie heilen soll.«[14]

Dabei führt eine fairere Verteilung des Wohlstandes nicht nur zu mehr Nachfrage und damit zu einer Belebung der Wirtschaft. Sie hat darüber hinaus eine Reihe weiterer nützlicher Folgewirkungen, die insgesamt eine Gesellschaft gerechter und zugleich leistungsfähiger machen. Zunächst führt stabile Prosperität dazu, dass mehr Menschen einen Job haben und mehr Menschen einen guten Job. Und das bedeutet in aller Regel ja nicht nur, dass diese Menschen einen Posten haben und jeweils am Ersten im Monat Geld von der Firma überwiesen bekommen. Es führt auch dazu, dass diese Menschen etwas lernen und etwas können, dass sie Fähigkeiten entwickeln und allgemein optimistischer durchs Leben gehen. Und es führt auch, ganz simpel, dazu, dass weniger Menschen in Armut leben. Kinder, die in Armut aufwachsen, haben in aller Regel schlechtere Schulnoten und weniger Chancen im Leben als Kinder, die in materiell sicheren Verhältnissen leben. Sie erhalten eine bessere Ausbildung, was sich in fünfzehn, zwanzig Jahren wiederum produktiv auswirkt. Wir werden dann weniger soziale Probleme haben und auch mehr Menschen mit wichtigen Kompetenzen und mit einem ordentlichen Einkommen, die dann wieder als Konsumenten eine wichtige Funktion für die Marktwirtschaft haben.

Also: Ökonomische Fairness löst eine Reihe von Win-win-Folgewirkungen aus, während ökonomische Unfairness eine Reihe von Lose-lose-Effekten nach sich zieht.

Aber all diese Sachverhalte, die eigentlich jedem Menschen, der zu logischem Denken fähig ist, ohne Umstände einleuchten sollten, werden von den Verfechtern einer schneidigen Marktlogik immer wieder in Abrede gestellt. Sie verkünden immer noch die Modelle der Mainstream-Ökonomie, die schon vor achtzig Jahren ein wissenschaftlicher Anachronismus waren; zu deren perfidesten Argumenten gehört, dass es unfreiwillige »Arbeitslosigkeit« eigentlich nicht gäbe. Höchstens könne es vorkommen, dass Arbeitssuchende keinen Job finden, weil sie zu viel Lohn erwarten, so wie der Unternehmer auf seiner Ware sitzenbleibt, wenn er einen überhöhten Preis verlangt. Es gibt also keine Arbeitslosigkeit, sondern nur Leute, die »freiwillig« nicht arbeiten, weil sie eben einen Preis für ihre Arbeit verlangen, der über den »markträumenden« Preisen liegt. Dieses Schulmodell stimmt, wie jedes ökonomische Modell, wenn man sich so ziemlich alle Bedingungen wegdenkt, die die wirkliche Welt ausmachen.

Deshalb haben die neoliberalen Politiker, Interessenvertreter und die mit ihnen verbundenen Ökonomen ja behauptet, die Löhne müssen »nach unten flexibler« werden, dann würde es mit der Wirtschaft wieder bergauf gehen und auch wieder Vollbeschäftigung geben. Dass sich diese These in der Wirklichkeit noch nie hat belegen lassen, kann solche Modellökonomen in ihrer Überzeugung nicht erschüttern – das ist dann nämlich keineswegs ein Hinweis darauf, dass etwa die Theorie nicht stimmt, sondern nur ein Indiz, dass die Löhne eben noch nicht genug gesunken sind und deswegen noch tiefer sinken müssen.

Zu den perfidesten »Argumenten« in diesem Zusammenhang gehört aber jenes, mit dem der deutsche Außenminister und FDP-Vorsitzende Guido Westerwelle im vergangenen Frühjahr für Aufsehen sorgte, als er klagte, die Hartz-IV-Sätze, also die Sozialhilfebezüge für die Allerärmsten, seien zu hoch. »Spätrömische Dekadenz« werde gefördert, wenn man dem Volk »anstrengungslosen Wohlstand« verspreche, so Westerwelle. Das muss man sich auf der Zunge zergehen lassen: »anstrengungslosen Wohlstand«. Dazu fällt einem im Grunde gar nichts mehr ein, es reicht, zwei Zahlen zu nennen, um diesen Satz zu qualifizieren: Im deutschen Bundesland Nordrhein-Westfalen sind für einen Hartz-IV-Empfänger 4,32 Euro für Essen pro Tag vorgesehen. Zum Vergleich: Im gleichen Bundesland wird der Futtertagessatz für einen Polizeihund mit 6,80 Euro berechnet.

Auch der österreichische Vizekanzler, Finanzminister und ÖVP-Chef Josef Pröll keppelte beinahe im Wochentakt gegen jene Menschen, die es sich seiner Meinung nach in einer »sozialen Hängematte« bequem machen.

Das Schlüsselargument von Westerwelle und Pröll lautet folgendermaßen: Hartz-IV oder die Sozialhilfe seien zu hoch, da es kaum mehr einen Abstand zwischen den höchsten Transferbezügen (also wenn zur Sozialhilfe noch Wohngeld, Kindergeld, die Sozialhilfe für Kinder etc. dazukommt) und den niedrigsten Erwerbsbezügen gibt. Wenn aber das sogenannte »Lohnabstandsgebot« nicht mehr erfüllt ist, hat ein Empfänger staatlicher Hilfen keine ausreichenden Anreize mehr, einen Job anzunehmen – weil er dann womöglich 40 Stunden Pakete schleppen muss, ohne dass er wesentlich mehr verdient. Und jetzt unterstellen wir einmal, dass das stimmt mit dem unzureichenden Anreiz. Auch dieses Argument geht ja von der in vieler Hinsicht weltfremden Prämisse der Mainstream-Ökonomen aus, dass Menschen sich in jeder Lebenslage wie bestens informierte, kühl kalkulierende Rechenmaschinen verhalten. Nun unterstellen wir einmal, dass diese simple Logik zutrifft und die geringe Differenz zwischen Transfer- und Lohneinkommen tatsächlich einen zu geringen Anreiz zur Aufnahme von Arbeit bietet, dann gäbe es ja zwei Möglichkeiten, für einen ordentlichen Anreiz zu sorgen. Die eine ist: Man senkt die Transfereinkommen, wie das Westerwelle, Pröll und die Ökonomen, die ihnen einflüstern, vorschlagen. Aber es gäbe selbstverständlich noch eine zweite Möglichkeit: Dass man die Lohneinkommen erhöht. Komischerweise schlagen das aber diese Ökonomen nie vor – auf diese Idee kommen sie gar nicht, obwohl sie mindestens ebenso naheliegend wäre.

Die Perfidie dieses Arguments besteht darin, dass es von denselben ökonomischen »Sachverständigen« vorgebracht wird, die uns jahrelang eingeredet haben, die Löhne und Gehälter seien zu hoch, sie müssten gerade im Niedriglohnsegment »flexibler« werden, damit die Wirtschaft an Wettbewerbsfähigkeit gewinnen und die Arbeitslosigkeit sinken würde. Da die Einkommen im Niedriglohnbereich seit Jahren gesunken sind, aber die

Arbeitslosigkeit weiter hoch ist, postuliert man nun, es müssten auch die Transfers für die Ärmsten gekürzt werden, weil die Abstände nicht mehr passen – zu den Niedriglöhnen nämlich, die ja nur so niedrig sind, weil die Ratschläge der Ökonomen befolgt wurden. Das Allerbeste – oder anders gesagt: das Erschütterndste – an der Sache ist aber, dass die Theorie überhaupt nicht stimmt. Es ist praktisch keine Theorie vorstellbar, die endgültiger von der Realität widerlegt wurde als jene, dass Arbeitslose deshalb nicht arbeiten gehen, weil der Abstand zwischen Transfereinkommen und niedrigem Erwerbseinkommen zu klein ist. Thomas Strobl, Deutschlands bester Wirtschaftsblogger, hat die Widersprüche dieses Postulats in seinem Blog »weissgarnix« auf lockere und umso schonungslosere Weise dargelegt.

Darin stellt er den Ökonomen vom deutschen Weltwirtschaftsinstitut, die gerade wieder diese These hinausposaunt haben,

die Frage, wie es überhaupt im Rahmen IHRER eigenen Theorie dazu kommen kann, dass sich der Abstand zu den Erwerbseinkommen so stark verringert. Oder gar auf null fällt. Im Rahmen der neoklassischen Preistheorie bzw. ihrer Argumentation müsste doch Folgendes gelten:

Wenn Hartz IV eine seriöse Alternative für einen nennenswerten Teil des Erwerbspublikums darstellt, dann gibt es niemanden, der eine Arbeitsstelle für weniger annehmen wird. Zumindest wenn er rational agiert, wie es die Neoklassik ja postuliert. Wenn mir Hartz IV im Monat 1000 Euro bringt, ein Vollzeit-Job aber nur 900 Euro, dann wäre ich ja tatsächlich schön bescheuert, dem Job nachzugehen.

Und nicht nur das: Der theoretisch niedrigste Erwerbslohn müsste sich auf einem Niveau einpendeln, das so weit oberhalb von Hartz IV liegt, dass der Grenznutzen der

Arbeitsaufnahme die Grenzkosten (in der Literatur auch häufig das »Grenzleid«) überwiegt. Anders gesagt: Nur ein paar mickrige Euros mehr zu verdienen als Hartz IV, wird den Meisten nicht reichen, um die Freizeit gegen die 40-Stunden-Woche einzutauschen. Es müsste schon ein deutlicher Abstand sein, sagen wir mal 25% oder so was in der Richtung.

So weit klar? Nota bene: das ist alles nicht meine Meinung, sondern das sind Aussagen, die die Theorie trifft, welche diesen Beiträgen in der FAZ, dem Handelsblatt und sonst wo zugrunde liegen. Und auch dieser Studie des Kieler WWI.

Und jetzt nochmals meine Frage: Warum stellt sich dann in der Praxis dieser Abstand nicht ein? Warum kommen Netto-Löhne im Geringqualifizierten-Segment tatsächlich auf oder sogar unterhalb von Hartz IV zu liegen?

Was mich kolossal ärgert, ist, dass es den ganzen Proto-Ökonomen in den Gazetten überhaupt nicht aufzufallen scheint, dass sich die Theorie da selber widerspricht. Es dürfte schlichtweg nicht passieren, dass der Lohnabstand zu Hartz IV so gering ausfällt oder sogar auf null absinkt. Was stattdessen passieren müsste, ist, dass es ein ausgeprägtes Differenzial gibt, zu dem aber nur wenige Arbeitsstellen angeboten werden. Soll heißen: die Arbeitslosigkeit im unteren Lohnsegment müsste theoretisch höher sein, die bezahlten Erwerbslöhne aber dafür auch.

Nun ist es aber in der Praxis halt offenbar so, dass es diese geringen bzw. nicht-existenten Unterschiede tatsächlich gibt. Frage: Wie kann das sein? Meine These: Die ganze Theorie ist Schrott! Die Studie des WWI gehört auf den Müllhaufen, genauso wie sämtliche Beiträge in der FAZ und sonst wo, diverse Aussagen von Sachverständigen usw.

Die Situation scheint wohl vielmehr die zu sein: Trotz der geringen Lohnunterschiede gehen Erwerbsfähige lieber einer

Arbeit nach, als Hartz IV in Anspruch zu nehmen. Aus welchen Gründen auch immer, sei es persönlicher Stolz, Angst vor Stigmatisierung oder schlicht deshalb, weil sie nicht wissen, was sie sonst mit ihrer Zeit anfangen sollten. Es kommt also, so gesehen, zu einem Überangebot an Arbeitskraft auf einem gegebenen Lohnniveau oder, was wahrscheinlicher ist, zu einem Gleichgewichtsangebot von Arbeitskraft auf einem zu niedrigen Lohnniveau.

Die in den Medien herbeigeschriebene Situation, in der Erwerbsfähige lieber zuhause bleiben und auf Kosten des Steuerzahlers leben, scheint daher überhaupt nicht existent. Und ich betone nochmals: Nicht nach den Maßstäben meiner eigenen Theorie, sondern im Rahmen des Gedankengebäudes, das den obigen Aussagen zugrunde liegt. Es ist inkonsistent. Wenn die Gefahr bestünde, dass alle Geringqualifizierten in Scharen in Hartz IV flüchten, warum tun sie es dann nicht schon längst? Wenn sie es täten, dann müssten aber größere Unterschiede zu den Erwerbslöhnen sichtbar sein.

Meine These deshalb: Man sollte tatsächlich versuchen, in den betroffenen Branchen (von denen sich die meisten nicht am Weltmarkt orientieren müssen, sondern binnenfokussiert sind) einen Mindestlohn einzuführen, der 25 bis 30% oberhalb von Hartz IV liegt. Und dann müsste man halt mal gucken, was passiert. Ich vermute: gar nichts. Außer, dass der Abstand zwischen Hartz IV und den niedrigsten Erwerbslöhnen tatsächlich höher wird. Was womöglich einige Arbeitslose dazu anregen wird, sich verstärkt um einen Job zu bemühen. Ob sie einen finden werden, bleibt fraglich.

Zu diesem Test, den Strobl vorschlägt, wird es natürlich nie kommen, wenn es nach den Anhängern der Effizienzmarkttheorie geht. Für die sind Mindestlöhne ja ein Übel, die schüttelt es bei der Aussicht auf »staatlich verordnete Löhne«. Denn Mindestlöhne gibt es ja nur, wenn ein Nicht-Markt-Akteur, also etwa das Parlament, ein Gesetz beschließt, das die Preisbildung am Markt einschränkt – und somit höhere als die »markträumenden« Löhne gesetzlich festschreibt. Wenn die Parlamentarier das tun, wird der Markt aus dem Gleichgewicht gebracht, es kommt zu vielfältigen Störungen der Wirtschaft, der Wohlstandsmotor stockt, und die Arbeitslosigkeit steigt, so die Argumentationsreihe der Schulökonomie. Vor allem ein Zusammenhang wird immer wieder behauptet, und er leuchtet auf den ersten Blick auch irgendwie ein: Viele Firmen würden sich ihre Beschäftigten nicht mehr leisten können und müssten sie entlassen. Der Friseurladen von nebenan, die Kneipe vom Eck, der Bäcker in der Nebenstraße, alle müssten Jobs abbauen. So würde gute Absicht – nämlich den Leuten bessere Löhne zu verschaffen – in ihr Gegenteil umschlagen, nämlich in Arbeitslosigkeit. Gerade Geringqualifizierte, deren Arbeit für eine Firma einen relativ geringen »Wert« hat, würden durch Mindestlöhne aus dem Markt »herausgepreist« werden, soll heißen: Weil sie einen zu hohen Preis für ihre Arbeit verlangen, wird sie ihnen eben niemand mehr abkaufen.

Seit Jahrzehnten bringen wirtschaftsliberale Ökonomen dieses Argument vor. »Sucht man nach Anschauungsmaterial dafür, dass die Folgen einer Maßnahme exakt beim Gegenteil dessen liegen können, was in der Absicht der Wohlmeinenden lag, die sich für sie eingesetzt haben, so lässt sich kein besseres Beispiel nennen als das des gesetzlichen Mindestlohns«, erklärte schon Milton Friedman, der Säulenheilige aller Neoliberalen. Obwohl diese Ökonomen das Argument seit Jahrzehnten gebetsmühlenhaft wiederholen, ist es ihnen paradoxerweise noch nie gelungen, dafür irgendeinen empirischen Beweis vorzubringen. Dabei lässt sich ihre Behauptung, so Deutschlands Wirtschaftsweiser Peter Bofinger, »leicht überprüfen, indem man die Arbeitslosenraten von Geringqualifizierten innerhalb Europas vergleicht. Das Ergebnis ist überraschend: In Luxemburg, das mit 9,30 Euro den höchsten Mindestlohn aufweist, ist die Arbeitslosenquote der Geringqualifizierten am niedrigsten; Irland hat mit 8,65 Euro den zweithöchsten Mindestlohn und die fünftniedrigste Arbeitslosenquote in diesem Segment. Und Deutschland mit den nach unten hin flexibelsten Löhnen in der EU leidet unter der mit Abstand höchsten Unterbeschäftigung bei geringqualifizierten Arbeitnehmern.«[15]

Mittlerweile ist selbst unter US-Ökonomen eine wachsende Zahl der Meinung, dass es keine negativen Beschäftigungseffekte durch Mindestlöhne gibt. Grund für den Sinneswandel waren eine Reihe empirischer Studien, die nicht nur keine negativen Beschäftigungseffekte nachweisen konnten, sondern im Gegenteil sogar überraschende positive Effekte erkennen ließen.[16] Simpel gesagt: Es sind keine Jobs verschwunden, es sind sogar neue entstanden. Einer der Gründe für diese recht unerwarteten Effekte dürfte der Umstand sein, dass gerade Geringverdiener ihr bisschen überschüssiges Geld, das ihnen nach Abzug der Fixkosten zur Verfügung bleibt, für Güter und Dienstleistungen ausgeben, die ihrerseits wieder von Geringverdienern produziert werden. Das heißt also: Das zusätzliche Geld, das die Niedrigverdiener zum Konsumieren haben, steigert die Nachfrage – beim örtlichen Bäcker, beim nahe gelegenen Fast-Food-Restaurant. Diese Firmen haben dann höhere Einnahmen und können nicht nur ihren Beschäftigten Mindestlöhne zahlen, das heitere Wirtschaftsklima führt sogar dazu, dass sie teilweise neue Beschäftigte einstellen können.

All diese Beispiele zeigen, dass die scheinlogischen Ableitungen der neoliberalen Ökonomen in kaum einem Bereich einer Überprüfung durch die Realität standhalten. Und so ist es auch mit ihrem Grundpostulat: dass große Einkommens- und Vermögensungleichheiten, mögen wir sie auch für ethisch bedenklich halten, ihre Funktionalität für eine prosperierende Wirtschaft haben und alle Versuche, mehr Gleichheit herzustellen, ökonomische Kosten produzieren sowie überdies an ihrem Ziel scheitern. Aber genau das Gegenteil ist der Fall: Gesellschaften, die die Ungleichheit bekämpfen und allen einen fairen Anteil am Wohlstand garantieren, sind auch ökonomisch funktionstüchtiger. Die Modelle der Mainstream-Ökonomen halten einem Realitätstest nicht stand. Weil Märkte nicht so funktionieren, wie sie sich das ausmalen. Und weil Menschen nicht so agieren, wie diese Ökonomen es in ihren Modellen voraussetzen.

Die zeitgenössische Schule der »Behavioral Economics« oder der »Verhaltensökonomie« trägt dieser Tatsache Rechnung und hat mittlerweile auf vielen Feldern zu zeigen vermocht, wie die Dinge wirklich laufen. Bleiben wir beim Beispiel des Arbeitsmarktes. Zunächst müssen wir feststellen, dass der »Arbeitsmarkt« überhaupt kein Markt ist. Die Schulökonomie unterstellt ja immer, dass der »Arbeitsmarkt« im Prinzip genau wie ein Gütermarkt funktioniert. Wenn auf Gütermärkten eine Ware in übergroßer Menge angeboten wird, die Nachfrage nach dieser Ware aber gar nicht in diesem Ausmaß vorhanden ist, müssen die Unternehmen darauf mit verschiedenen Maßnahmen reagieren: Sie müssen den Preis der Ware senken. Und sie werden weniger von dieser Ware produzieren und anbieten. Nun versuchen wir, diese Logik von Gütermärkten auf Arbeitsmärkte anzuwenden.

Nehmen wir an, es gibt Arbeitslosigkeit – ein »Überangebot« an Arbeitskräften, um das in der Sprache der Mainstream-Ökonomie auszudrücken. Selbstverständlich könnten die Arbeiter den Preis senken, also schlecht bezahlte Jobs annehmen. Sehr viel schwerer wäre es allerdings für sie, die Menge der Ware einzuschränken, die offenbar in übergroßer Zahl am Markt angeboten wird. Wie können Arbeitssuchende das Überangebot an Arbeitskräften einschränken? Nun, sie könnten weniger Kinder bekommen, was tatsächlich in ökonomisch schwierigen Zeiten geschieht, aber am Arbeitsmarkt wirkt sich das erst mit einem erheblichen Timelag aus: schließlich drängen die Kinder, die heute geboren werden, in frühestens siebzehn Jahren auf den Arbeitsmarkt, oder anders gesagt – die Kinder, die heute nicht geboren werden, entlasten ihn erst in siebzehn Jahren.

Eine zweite Variante, die zweifellos schneller wirkt, wäre Massenselbstmord. Das wäre gewiss eine marktwirtschaftlich saubere Lösung, die aber leider viel zu selten angewandt wird, weil Menschen dummerweise an ihrem Leben hängen. Schon realistischer ist die Variante, dass Arbeitskräfte auswandern: Dann sinkt das Arbeitsangebot in der Volkswirtschaft, aus der sie emigrieren, und es steigt in der – meist wirtschaftlich florierenden – Volkswirtschaft, in die sie immigrieren. In der Geschichte und auch unserer Gegenwart kommt das immer wieder vor, wir wissen aber auch, dass es eine Reihe von Umständen gibt, die diese Lösung erschweren: Menschen sind anhänglich, sie verlassen manchmal ungern ihre vertraute Umgebung; man kann, wenn man praktisch nichts auf der hohen Kante hat, nur äußerst schwer auswandern; auch wissen die Arbeitslosen möglicherweise, dass die Sprachbarriere es ihnen erschweren würde, sich im neuen Markt zurechtzufinden usw. Insofern funktioniert dieser Ausgleich durch Migration in manchen Ökonomien besser, in manchen schlechter: In den USA ist es praktikabler, von Michigan nach New York zu migrieren, als in Europa von Mecklenburg-Vorpommern nach Spanien, obwohl in rechtlicher Hinsicht beide Arbeitsmärkte nahezu vollständig integriert sind. Da all diese Varianten also nicht wirklich offenstehen, jedenfalls nicht in dem Ausmaß funktionieren können, das nötig wäre, damit die Marktmodelle für den Arbeitsmarkt gelten könnten, kann man nüchtern feststellen: Einen Arbeitsmarkt in diesem Sinne gibt es gar nicht – weil es, um dies in der Sprache der Ökonomen zu formulieren, ein Markt mit einem vollständig »unelastischen« Angebot ist. Das Angebot kann nämlich nicht schnell reduziert werden, wenn die »Marktsignale« dies nahelegen würden. Das Marktmodell ist für den Arbeitsmarkt also völlig unbrauchbar. Am Rande sei hinzugefügt: Das gilt für sehr viele Wirtschaftsbereiche – etwa für das Gesundheitswesen. Auch dieses ist kein Markt: Jemand, der gerade einen Herzinfarkt bekommt, kann nicht nach dem günstigsten Angebot Ausschau halten, und auch jemand, den der Darmkrebs befallen hat, wird nicht als rationaler Marktteilnehmer agieren. Denn erstens hat er furchtbare Angst, er könnte sterben, und zweitens verfügt er meist gar nicht über die Information, jenen Arzt zu suchen, der die günstigste und zugleich beste Medikation anbietet.

Aber noch aus einem anderen Grund funktioniert der Arbeitsmarkt nicht, wie das Marktmodell das nahelegen würde. »Waren sind weitaus einfachere Tauschobjekte als Arbeitsleistungen«, schreiben George Akerlof und Robert Shiller sarkastisch. »Im Gegensatz zu Arbeitnehmern, die unglücklich werden, wenn sie ihren Lohn für zu niedrig halten, sind Güter unbelebt und haben keine Emotionen.« Menschen wollen fair behandelt werden – besser: Sie wollen sich fair behandelt fühlen. Aber heißt das: Sie wollen manchmal mehr als den »Marktpreis« für ihre Arbeit verdienen? Das ist, wie wir gesehen haben, schon die falsche Frage. Denn ohnehin gibt es, wenn ein »Arbeitsmarkt« im strengen Sinn gar nicht existiert, auch keinen »Marktpreis« für Jobs. In den Spitzenetagen wird der »Marktpreis« tatsächlich von Managern bestimmt, die de facto ihre Einkommen selbst festlegen können. Wenn sie das nur lange genug praktizieren, bis praktisch alle CEOs – also Vorstandsvorsitzenden – astronomische Phantasiegehälter beziehen, dann ist das am Ende auch der »Marktpreis« für CEOs; weil sie dann irgendwann einfach behaupten können, man müsse einem guten Manager schlicht solche Gehälter bezahlen, weil man ansonsten eben keine Spitzenleute bekäme. Und in den unteren Etagen kann man den Geringverdienern ihre Niedriggagen einfach diktieren, weil genug andere bereitstehen, die für Hungerlöhne jeden Job machen – weil, wie wir gesehen haben, das »Überangebot« an Arbeitskräften nicht einfach eingeschränkt werden kann, jedenfalls nicht von Seiten der »Anbieter«. Die sehen sich einem »Arbeitsmarkt« gegenüber, der viel eher nach dem Vorbild des beliebten Kinderspiels »Reise nach Jerusalem« funktioniert, bei dem mehr Kinder um die Sessel herumlaufen, als es Sitzgelegenheiten gibt, sodass immer klar ist: Einer bleibt über.

Nun sind die »Arbeitsanbieter«, die keinen Job haben, Menschen mit Gefühlen, doch in materieller Not: Sie werden Jobs oft annehmen, bei denen man ihnen Hungerlöhne zahlt, nur um über die Runden zu kommen. Arbeitnehmer, die eine Stelle haben, reagieren dagegen etwas anders. Wenn eine Firma, deren Geschäfte etwa schlechtgehen – oder die nur höhere Profite machen will –, ihnen die Gehälter kürzen will, werden sie sich unfair behandelt fühlen (übrigens sehr, sehr oft ziemlich unabhängig davon, ob die Firma für diesen Vorschlag ökonomisch gute Gründe hat oder nicht, also unabhängig davon, ob die Ursache ein Umsatzeinbruch oder einfach Gier ist). Deshalb wird, wenn Firmen die Gehälter ihrer Beschäftigten kürzen, das Engagement dieser Beschäftigten zurückgehen. Sie werden sich mit ihrer Firma nicht mehr identifizieren. Die Lust, morgens zur Arbeit zu gehen, sinkt. Die gut qualifizierten Angestellten, die keine großen Probleme haben, einen neuen Job zu finden, werden möglicherweise die Firma verlassen. Übrigens wissen die Manager all das sehr gut und werden deshalb in aller Regel versuchen, Löhne nicht auf diesem Wege zu drücken. Die viel gängigere Variante ist, dass sie die Löhne jener Mitarbeiter, die sie weiterbeschäftigen und bei Laune halten wollen, unverändert lassen und andere einfach entlassen und durch billigere Arbeitskräfte ersetzen – also durch Arbeitskräfte, deren Lohn man nicht kürzen muss, weil man ihnen von Beginn an einen niedrigeren Lohn bezahlt, oder, wie das heute üblich ist, durch scheinselbständige freie Dienstnehmer bzw. durch Praktikanten, die man praktischerweise überhaupt nicht mehr bezahlt. Diese Beschäftigten, die vormals arbeitslos waren, sind nun zunächst froh, dass sie endlich einen Job haben – aber Identifikation mit der Firma wird sich keine aufbauen, weil sie sich ihrerseits sehr schnell unfair behandelt fühlen. Auch sie werden, sobald sie die Möglichkeit dazu haben, die Firma verlassen.

Firmen, die ihre Beschäftigten gut bezahlen, haben deshalb sehr oft eine bessere Performance, und Volkswirtschaften, in denen ordentliche, faire Löhne bezahlt werden, sind deshalb meist leistungsstärker – nicht nur, weil bessere Löhne sich in ein höheres Nachfrage- und damit Output-Niveau übersetzen, sondern auch wegen solch

»sanfter«, schwer messbarer Faktoren wie der höheren Arbeitszufriedenheit der Beschäftigten, die sich in mehr Engagement übersetzt und dazu führt, dass Angestellte länger ihrer Firma die Treue halten, was allgemein das Qualifikationsniveau hebt. Der amerikanische Ökonom John K. Galbraith beschreibt das folgendermaßen: »Kalifornien und New Jersey erhöhten ihre Mindestlöhne in den achtziger Jahren, woraufhin die Arbeitslosigkeit abnahm; das Gleiche trifft auf die Mindestlohnerhöhung auf nationaler Ebene Mitte der neunziger Jahre zu. Weshalb sank die Arbeitslosigkeit? Als sich der Lohn verbesserte, gaben weniger Leute ihre Stelle auf, das heißt, die Beschäftigungsdauer wurde länger, und weniger offene Stellen waren verfügbar. Die Unternehmen konnten Effizienzgewinne verzeichnen, weil weniger Zeit auf die Einschulung von neuen Arbeitskräften verwendet werden musste.«[17]

Dass die wirtschaftsliberale Theorie der Lohnbestimmung mit ihren Phantasiegebilden vom »markträumenden Lohnniveau« oder gar »Angebotskurven« auf Seiten der Arbeitskräfte keinerlei praktischen Nutzen besitzt, hat der Ökonom Albert Rees, selbst einst ein führender Kopf der marktgläubigen Ökonomen-Schule, kurz vor seinem Tod mit folgenden Worten gezeigt: »Die neoklassische Theorie der Lohnbestimmung, die ich meinen Schülern dreißig Jahre lang vermittelte und die ich in meinem Lehrbuch zu erklären versuchte, sagt nichts über Fairness aus … Mitte der siebziger Jahre setzte eine neue Phase in meinem Leben ein. Sie bescherte mir eine Reihe verschiedener Rollen, in denen meine Aufgabe darin bestand, an der Festsetzung oder Kontrolle von Löhnen und Besoldungen mitzuwirken. Unter anderem war ich während der Amtszeiten Nixons und Fords Mitglied dreier verschiedener Gremien zur Lohnstabilisierung, Direktor in zwei verschiedenen Kapitalgesellschaften, Leiter einer privaten

Universität, Vorsitzender einer Stiftung und Kurator einer Akademie der freien Künste. In einem der beiden Unternehmen war ich zugleich Vorsitzender des Vergütungsausschusses. In keiner dieser Rollen bot mir die Theorie, die ich so lange unterrichtet hatte, auch nur die geringste Hilfestellung. Die Faktoren, die bei der Festsetzung von Löhnen und Gehältern im wirklichen Leben von Bedeutung waren, waren scheinbar ganz andere als jene, die die Neoklassik aufführt. Ein Kriterium, das in all diesen Situationen eine überwältigende Rolle zu spielen schien, war Fairness.«[18]

All diese Beispiele zeigen: Es ist eine Milchmädchenrechnung aus dem Lehrbuch für Ökonomieanalphabeten, Löhne nur als Kosten zu behandeln, die, sofern man sie reduziert, die Leistungsfähigkeit eines Unternehmens – ganz zu schweigen von einer ganzen Volkswirtschaft – verbessern. Natürlich kann ein Unternehmen, das an seinen Mitarbeitern spart, zunächst einmal billiger produzieren als seine Konkurrenz. Und eine Volkswirtschaft, in der die Löhne sinken, wird zunächst einmal »wettbewerbsfähiger« – sie muss zwar mit einer dümpelnden Binnennachfrage leben, kann aber möglicherweise viel mehr Güter exportieren. Das geht vielleicht zwei oder fünf Jahre gut oder, wenn man Glück hat, zehn Jahre – aber dann sind die Wirtschaftspartner pleite, weil ihre Firmen nicht mehr mithalten können, ihr Wachstum einbricht und ihre Staatshaushalte in Schieflage geraten. Dann wird sich die Freude über die »Wettbewerbsfähigkeit« bald in engen Grenzen halten. Oder die Wirtschaftspartner sind gezwungen, den Wettkampf nach unten aufzunehmen. Dann tritt jener Fall ein, den man in der Wirtschaftswissenschaft oft am Beispiel eines Kinos illustriert: »Wenn in einem vollbesetzten Kino ein einzelner

Zuschauer aufsteht, kann er seine Situation verbessern, weil er mehr sieht. Wenn daraufhin aber alle aufstehen, verbessern sie sich offensichtlich nicht, sondern verschlechtern sogar ihre Lage, weil ihnen bald die Füße wehtun.«[19] Der Nutzen schlägt also in einen Schaden um.

Wenn ein Unternehmen auf Billiglöhne setzt, wird es mit unmotivierten, schlecht qualifizierten Beschäftigten arbeiten müssen. Wenn das sehr viele Unternehmen tun, sinkt in sehr kurzer Zeit die Produktivität und der Reichtum einer ganzen Volkswirtschaft. Mehr noch: Die produktiven Unternehmen, die gut wirtschaften und innovativ sind, sodass sie sich auch gute Löhne für ihre Beschäftigten leisten können, werden in gewissem Sinne sogar »bestraft«, wenn man Lohndumping zulässt, weil sie von Unternehmen Konkurrenz bekommen, die womöglich schlechter und weniger wirtschaftlich produzieren und am Markt nur deshalb mithalten können, weil sie ihre Arbeiter so miserabel bezahlen. Eine Gesellschaft, die Billiglöhne zulässt, subventioniert damit die schlechten, rückschrittlichen Unternehmen zum Nachteil der fortschrittlichen. Das ist nicht nur aus Gründen der Gerechtigkeit fragwürdig, sondern auch aus ökonomischen Gründen widersinnig. Es ist schließlich eine falsche und statische Annahme, zu glauben, ein Gut ließe sich nur auf eine bestimmte Art und Weise herstellen, und wenn die Löhne »zu hoch« seien, könne es nicht mehr produziert werden. In aller Regel stellen sich die Unternehmen auf das Lohnniveau einer Gesellschaft ein. Ist es höher, müssen sie eben effizienter produzieren, um wirtschaftlich zu bleiben. »Sie erfinden und entwickeln neue Technologien und Geschäftsmethoden, um sich den Lohnstrukturen anzupassen, die ihnen die Gesellschaft diktiert. Egalitäre Strukturen sind anspruchsvoller und deshalb – in der

Regel und zu einem gewissen Grad – auch produktiver.«[20] (John K. Galbraith)

Eine Ökonomie ist nämlich kein statisches, sondern ein dynamisches Ding. Wenn man für eine gerechtere Verteilung sorgt – wenn man, was schon lange nicht mehr vorkam: von oben nach unten umverteilt –, wird der erwirtschaftete Reichtum anders verteilt. Aber, und das ist ein großes »Aber«: Wenn dadurch die Volkswirtschaft produktiver wird, wird sie als Ganzes reicher, also der erwirtschaftete Reichtum wächst. Kurzum: Eine dynamische Gesellschaft ist kein Nullsummenspiel. Deshalb sind egalitärere Gesellschaften nicht nur lebenswertere Gesellschaften (wie wir im nächsten Kapitel sehen werden), sondern auch produktivere Gesellschaften. Deswegen ist die Formel »Wohlstand für alle« nicht nur eine Leitlinie zur gerechteren Verteilung des Reichtums, sondern überdies eine zur Produktion von mehr Wohlstand.

Ungerechtere Gesellschaften sind oft unproduktiver: weil sie durch Billigproduktion unproduktive Sektoren subventionieren; weil sie auf wichtige Binnennachfrage verzichten, wenn sie der breiten Masse der Bevölkerung die Teilhabe am Wohlstand versagen; weil es einfach ineffizient ist, wenn viele Menschen entweder arbeitslos sind oder unqualifizierte Tätigkeiten verrichten; und weil die ungleiche Verteilung dann auch zu ökonomischen Instabilitäten führt, die langfristiger Prosperität schaden. Und damit schließt sich der Kreis, oder anders gesagt: Die Instabilitäten auf den Finanzmärkten, die bis zum (Beinahe-)Kollabieren wie in der jüngsten Krise führen können, haben auch viel mit Ungleichheit zu tun.

Nachdem die amerikanische Gesellschaft in den drei Jahrzehnten, die dem Zweiten Weltkrieg folgten, immer gleicher geworden ist, nehmen seit den achtziger Jahren die

Einkommensungleichheiten wieder rasant zu und sind heute wieder »etwa so groß wie in den zwanziger Jahren«.[21] Die Erben der Gründer der Kaufhauskette Wal-Mart verfügen über einen Reichtum von 90 Milliarden Dollar, so viel wie die untersten 40 Prozent der US-Bevölkerung zusammen – also so viel wie 120 Millionen Menschen. Reallohnzuwächse gibt es für diese einfachen Bürger schon seit dreißig Jahren nicht mehr. Das mediane Haushaltseinkommen war 2005 trotz Boom um drei Prozent niedriger als 1999.[22] Vielen von ihnen blieb nach dem Finanzkollaps praktisch nichts: Allein im Jahr 2008 haben Schätzungen zufolge 2,3 Millionen Amerikaner ihre Häuser verloren, weil sie ihre Kredite nicht mehr zurückzahlen konnten.[23] In Europa ist es nicht viel anders. In Deutschland sind die Einkommen der ärmeren Schichten gegenüber dem Jahr 1992 preisbereinigt um 13 Prozent gesunken. Die Bezüge der Spitzenverdiener haben im selben Zeitraum um fast ein Drittel zugelegt. Das reichste Zehntel der Bundesbürger besitzt laut einer Studie des Deutschen Instituts für Wirtschaftsforschung 62 Prozent der Privatvermögen, während das untere Drittel praktisch gar nichts besitzt – außer Schulden. In Österreich besitzen die obersten dreieinhalbtausend Haushalte (0,1 Prozent aller Haushalte) genauso viel Geldvermögen wie die unterste Hälfte aller Haushalte. Ähnlich ungleich ist das Immobilienvermögen verteilt – hier besitzt das oberste Zehntel 61 Prozent. Und während das Leben für die mittleren und unteren Einkommensgruppen immer schwieriger wird, genießen die Reichen immer neue Privilegien. Jemand, der der gut verdienenden Mittelschicht angehört, muss in Deutschland von tausend zusätzlichen Euro, die er verdient, 53 Prozent an Steuern und Sozialabgaben bezahlen. Ein Millionär dagegen liefert von jeder zusätzlich erworbenen Million durchschnittlich 35 Prozent an Steuern und Abgaben ab.

Vermögensungleichheit heißt auch, dass große Finanzvermögen auf den Märkten nach Anlagen suchen, während die Realwirtschaft nur langsam wächst. Dies war eine Verlockung, durch raffinierte Finanzinstrumente, durch Gezocke, Spekulation und Betrug von Anlegern Finanzrenditen zu erzielen, die durch keine realen Wohlstandsgewinne getragen waren. Sagen wir es so simpel wie möglich: Wenn Banken, Investmentfonds, Hedgefonds etc. Renditen von 15 oder 25 Prozent versprechen, während die Weltwirtschaft nur um drei Prozent wächst, dann sind solche Gewinne nur möglich, wenn man jemand anders etwas wegnimmt. Wenn man den einen etwas zuschanzt, was man bei anderen abzweigt. Wenn man etwa Bürgern Hypotheken oder Zertifikate mit astronomischen Gebühren aufschwatzt, verteilt man von den Beziehern von Lohneinkommen zu den Beziehern von Finanzeinkommen um. Und hohe Finanzgewinne sind auch nur möglich, wenn man massive Risiken eingeht. Das ist einer der Hintergründe der Finanzkrise.

Die massive Zunahme der Ungleichheit hat noch in anderer Hinsicht zur Instabilität und letztlich zum Kollaps des Finanzsystems beigetragen. Dass die unteren Schichten und weite Teile der Mittelschicht immer mehr von den Wohlstandszuwächsen ausgeschlossen waren, hatte eine schwere Nachfrageschwäche erzeugt, worauf unterschiedliche Volkswirtschaften auf verschiedene Weise reagierten. In den USA ist »diese durch die steigende Ungleichheit begründete stagnative Grundtendenz durch den Anstieg der Verschuldung der Privathaushalte kompensiert worden«.[24] Simpel gesagt: Während die Staatsdefizite stiegen, haben sich zur gleichen Zeit auch die amerikanischen Bürger wie verrückt verschuldet, um ihr Konsumniveau halten zu können. Beides zusammen begründete massive Defizite in der amerikanischen Leistungsbilanz – das Land lieh sich auf der ganzen Welt Geld zusammen, um Güter aus der ganzen Welt aufkaufen zu können. Die europäischen und asiatischen Länder reagierten anders auf die wachsenden Ungleichheiten: Da die Inlandsnachfrage nicht ausreichte, exportierten etwa Deutschland, aber auch China viel mehr, als sie einführten. Sie bauten massive Exportüberschüsse auf. Der unterschiedliche Umgang verschiedener Länder mit der steigenden Ungleichheit hat sich also »gegenseitig verstärkt« und zu massiven Ungleichgewichten geführt – einer Instabilität, die sich in der Krise entladen hat.

Heute geben viele Menschen allgemein den Banken, der Schuldenwirtschaft, dem Geld- und Kreditsystem die Schuld an der Krise. Aber, und auch das muss offen gesagt werden, das ist etwas vorschnell gedacht. Denn Banken haben eine wichtige Aufgabe in einem marktwirtschaftlichen System. Sie sammeln die überschüssigen Ersparnisse von Bürgern ein und verwandeln sie in Investitionen, indem sie Kredite vergeben. Da sie für jeden Euro, den sie an Ersparnissen einnehmen, viel mehr an Krediten ausgeben, schöpfen sie damit Geld. Sie können damit sogar Geld »ex nihilo« schaffen. Für eine prosperierende Wirtschaft ist das wichtig.

Wenn man die Dinge nüchtern betrachtet, also ohne moralische Voreingenommenheit, wird man schnell feststellen, dass die Möglichkeit zu massenhafter systematischer Verschuldung zu einer regelrechten Reichtumsexplosion geführt hat. Über weite Strecken der Menschheitsgeschichte hat sich der materielle Wohlstand etwa alle 600 bis 1 000 Jahre verdoppelt. In den vergangenen beiden Jahrhunderten hat er sich alle vierzig Jahre verdoppelt. Dazwischen lag die Erfindung des Geschäftskredits. Kredit heißt, dass ich nicht nur das, was ich mir vorher erspart habe, zu investieren vermag, sondern dass ich Investitionskapital erhalten kann allein für die Aussicht auf künftige Erträge. Für den Ökonomen Joseph Schumpeter war die Erfindung des umfassenden Kreditsystems daher ein Schlüssel zur Erklärung des phantastischen Erfolges des Kapitalismus und mindestens so wichtig wie Privatinitiative oder freie Märkte. Erst die Erfindung systematischer Schuldenwirtschaft hat es ermöglicht, stetig und sehr rasch aus Geld mehr Geld zu machen. Schulden können zwar den einzelnen Schuldner ins Elend treiben, aber auf einer allgemeineren, systemischen Ebene machen Schulden nicht arm, sondern reich. Schon für den »ehrbaren Kaufmann«, erst recht für den Industriellen und gewiss für ganze Gesellschaften gilt: Man kann sich nicht reich sparen, man kann sich nur reich investieren.

Schulden stehen also moralisch in einem schlechten Licht, aber sie sind der Treibstoff, der den Motor am Laufen hält. Kredit gebiert neuen Kredit. Zuletzt, schreiben die deutschen Autoren Ralph und Stefan Heidenreich in ihrem geistreichen Bändchen »Mehr Geld«, wurde »jeder Konsument eine kleine Bank, mit einem kleinen Kreditgeschäft, das konsumierte Werte als Sicherheit nahm. Ausgegebener Kredit verwandelte sich in Sicherheit für neuen Kredit. Je mehr Kredit man aufnahm, desto mehr Kredit erhielt man.« Dass das Schuldenmachen irgendwie moralisch zweifelhaft, das Sparen aber tugendhaft sei, allein schon diese Auffassung ist unter den Bedingungen einer dynamischen Ökonomie eine vollkommen absurde Meinung, und zwar aus einem sehr einfachen Grund: Hier kann man gar nicht sparen, ohne dass sich ein anderer verschuldet. Nur die wenigsten Menschen horten ihr Geld im Sparstrumpf oder unter der Matratze. Die allermeisten tragen es auf die Bank und erwarten, dass sie für ihr Erspartes Zinsen erhalten. Die Bank verleiht das Geld an Kreditnehmer und kassiert Kreditzinsen, mit denen sie wiederum die Zinsen für die Einlagen begleicht. Ohne Schuldner kein Sparer. Aber die Dinge sind noch einen Dreh raffinierter: Der Kreditnehmer gibt das Geld aus (egal, ob als Konsument, der sich ein Auto kauft, oder als Unternehmer, der sich Maschinen kauft), und dieses Geld nehmen andere ein. Die tragen einen Teil davon ihrerseits auf die Bank, die es – Bingo! – wiederum als Kredit ausleiht. Ein Euro, der am Ausgangspunkt dieses Prozesses stand, vermehrt sich. Es versteht sich von selbst, dass durch diesen Prozess wirtschaftliche Dynamik ausgelöst wird, also Wachstum. Insofern darf auch die allgemeine Hausmütterchenweisheit bezweifelt werden, dass Schulden eine »Belastung auf die Zukunft« sind. Simpel gesagt: Wenn jemand einen Kredit aufnimmt und damit zu einer wirtschaftlichen Dynamik beiträgt, die uns alle reicher macht, dann ist er am Ende möglicherweise trotz der Schulden reicher, als er es wäre, wenn er den Kredit nicht aufgenommen hätte.

Für den einzelnen Kreditnehmer gibt es dafür nie eine Sicherheit – für eine Gesellschaft als Ganzes jedoch schon, es sei denn, sie geht durch lange Phasen geringen Wachstums oder gar durch eine tiefe Rezession.

Im Grunde lässt sich ohne das Kreditsystem nicht einmal recht erklären, wo denn in einer kapitalistischen Marktwirtschaft der Gewinn herkommen soll. Angenommen, alle Unternehmen zusammen produzieren Güter, deren Herstellung sie 100 Millionen Euro gekostet hat – diese 100 Millionen sind die Einkommen anderer Leute, ihrer Beschäftigten, ihrer Geschäftspartner. In dieser Modellvolkswirtschaft stehen dann 100 Millionen Euro zur Verfügung, um diese Güter zu kaufen. Exakt derselbe Betrag, der am Ausgangspunkt dieses Prozesses stand. Der Gewinn wäre gleich null! Gewinn kann es also nur geben, wenn die Waren, deren Produktion 100 Millionen

Euro kostete, für 110 Millionen Euro verkauft werden – was aber, wenn alle aggregierten Einkommen zusammen nur 100 Millionen Euro betragen, nicht so leicht möglich ist. Dies geht also nur über Verschuldung – wenn einem Einkommen von 100 Millionen Euro Konsum- und Investitionsausgaben von 110 Millionen gegenüberstehen. »Ohne Schulden läuft nichts«, nennt deshalb Thomas Strobl sein fulminantes Buch über die Funktionsweise des Kapitalismus.[25] Mehr noch: da die Schulden ja mit Zinsen zurückgezahlt werden müssen, muss sich dieser Kreislauf jedes Jahr auf höherem Niveau wiederholen. Der Kapitalismus funktioniert also, wenn man so will, nach dem Prinzip des »Kettenbriefes«.

Wir dürfen nicht über unsere Verhältnisse leben? Stimmt und stimmt auch nicht. Daran stimmt: Verschuldungsexplosion weit jenseits eines realistischen Wirtschaftswachstums ist ungesund. Aber es gilt auch: Hätten die Menschen nicht begonnen, über ihre Verhältnisse zu leben, würden wir immer noch in weit ärmeren Verhältnissen leben. Das Über-die-Verhältnisse-Leben schafft also bessere Verhältnisse. So tricky ist der Kapitalismus oder, um Karl Marx zu paraphrasieren, voller »metaphysischer Spitzfindigkeiten und theologischer Mucken«.

Aber um auf die Banken zurückzukommen: Mit dieser Kernaufgabe des Bankensystems, dem Einsammeln von Spareinlagen und Vergeben von Krediten, kann man Geld verdienen – aufgrund der Zinsdifferenz. »Das ist durchaus ein Geschäft, aber sicher kein Bombengeschäft, bei dem man systematisch und auf längere Zeit gewaltige Renditen von 20 und mehr Prozent erzielen könnte«, formuliert der Wirtschaftsforscher Heiner Flassbeck.[26] Ihre astronomischen Renditen haben die Finanzinstitutionen in den vergangenen Jahren aber durch komplizierte, schwer durchschaubare Anlageinstrumente erzielt, und indem sie oft zu vertrauensselige Bürger dazu verleitet haben, ihnen ihr Geld für riskante Geschäfte anzuvertrauen. Denen versprach man »einmalige Gelegenheiten«, die oft nur »einmalige Gelegenheiten« für die Finanzbranche waren, die Dummen von ihrem Geld zu befreien, wie man das in diesen Kreisen nennt. Pointiert gesagt: Zuletzt war die Finanzbranche nicht mehr für die Wirtschaft da, sondern die Wirtschaft für die Finanzbranche. Am Vorabend des Kapitalmarktcrashs entfielen mehr als 30 Prozent der amerikanischen Corporate Profits, also der Unternehmensprofite, auf die Finanz*industrie*, d. h. eine »Industrie«, die selbst nichts produziert. Der gesellschaftliche Nutzen der Finanzprodukte, die diese phantastische Umverteilung ermöglichte, hielt sich aber in engen Grenzen, sodass Paul Volcker, der einstige US-Zentralbankchef und nunmehrige Wirtschaftsberater von Präsident Barack Obama, sarkastisch die Frage stellte, was denn der Beitrag der Banken in den letzten Jahrzehnten zum gesellschaftlichen Reichtumsgewinn gewesen sei? Ihm fiele, so Volcker, da nur eines ein: die Erfindung des Geldautomaten. Ermöglicht haben diese Umverteilung eine Reihe von Deregulierungsmaßnahmen, die den Banken und anderen Finanzinstitutionen erlaubten, immer neue Finanzinstrumente zu erfinden und sofort auf den Markt zu werfen, ohne dass die Risiken überprüft werden konnten. Für die Risikokalkulation sorgten die Banken selbst, und die externe Bewertung der Gefahren wurde von »unabhängigen« Ratingagenturen vorgenommen, die selbst profitorientiert arbeiteten und in die Geschäfte involviert waren – sie wurden von den Instituten, die die »Finanzprodukte« auf den Markt brachten, für ihre »Bewertung« bezahlt, und hätten sie nicht im Interesse dieser Institute gehandelt, hätten diese ihnen nicht so bald einen neuen Auftrag erteilt.

Kurzum: ein total korruptes System. Auf diese Weise kamen Produkte ohne viel Federlesens auf den Markt, die für Hunderte Millionen – wenn nicht Milliarden – Menschen hohe Risiken bargen. Das ist schon absurd: Während jedes Pharmaunternehmen neue Medikationen aufwendigen Tests unterziehen und jeder Kranke ein ärztliches Rezept für den Erwerb eines simplen Antibiotikums vorlegen muss, konnte man auf der Bank hochriskante Fremdwährungskredite oder Immobilienzertifikate kaufen, die einen flugs um die Ersparnisse eines gesamten Arbeitslebens bringen konnten.

Hinzu kommt, dass die Banken selbst innere Anreizsysteme etablierten, die ihre Beschäftigten dazu ermunterten, große Mengen auch der fragwürdigsten Wertpapiere unter die Leute zu bringen. Neben ihrem Fixgehalt bekommen die Banker Bonuszahlungen, die sich nur daran orientieren, wie viel sie verkaufen. Das betrifft nicht nur die großen Geldjongleure in den Investmentabteilungen, sondern noch die biedersten Kundenbetreuer. Wenn sie ein dreistündiges Beratungsgespräch führen und der Kunde kauft kein Wertpapier, dann ist das für sie verlorene Zeit – erst wenn er etwas kauft, klingelt ihre Kasse. Man braucht nicht viel Phantasie, um sich vorzustellen, dass nur halbe Heilige der Versuchung widerstehen können, dem Kunden am Ende irgendetwas aufzuschwatzen. Die Verlockung erwies sich als groß, noch den größten finanziellen Giftmüll zu verbreiten – und letztendlich wurden sie durch die Etablierung interner »Benchmarks« sogar dazu gezwungen, auch wenn sie selbst der Verlockung widerstanden hätten. Selbst viele Bankangestellte fordern deshalb jetzt schon, die Kunden sollten für die Beratung bezahlen, ein etwaiger Kauf solle dann aber provisionsfrei bleiben – das würde ihnen die Möglichkeit geben, die Kunden ehrlich zu beraten und ihnen vielleicht sogar nahezulegen, besser gar nichts zu kaufen.

Wohlgemerkt: All diese Deregulierungen und Anreize für »Leistung« wurden als »Befreiung der Märkte« und damit als Beitrag zur Prosperität verkauft.

Aber schon ein sehr oberflächlicher Blick auf die Statistiken zeigt, dass diese »Befreiung der Märkte« Prosperität gekostet hat. In den Jahren 1950 bis 1973, also in den knapp fünfundzwanzig »glorious years« des Nachkriegskapitalismus, waren die Finanzmärkte streng reguliert, die europäischen Industriegesellschaften, aber auch die Vereinigten Staaten bauten ihre wohlfahrtsstaatlichen Institutionen aus, die Masse der Bürger wurde am Wohlstand beteiligt und konnte den gesellschaftlichen Aufstieg in einen breiten Mittelstand machen. Die gesellschaftlichen Ungleichheiten reduzierten sich, und es wurde – teilweise massiv – von den Begüterten zu den weniger Begüterten umverteilt. Dies war nicht nur ein Prozess des ökonomischen und sozialen, sondern auch des geistigen und moralischen Wandels. Jede westliche Industriegesellschaft war auf ihre Weise auch von einer »wachsenden Intoleranz gegen exzessive Ungleichheit« geprägt, wie der amerikanische Historiker und Autor Tony Judt schreibt.[27]

In den Jahren seither kehrte sich die Tendenz wieder um: Die Einkommensspreizung ging wieder auf, Märkte wurden dereguliert, die Gewerkschaften wurden geschwächt, die Schwachen wurden unter Lohndruck gesetzt usw. Das Ergebnis ist ziemlich eindeutig. In der Phase des »regulierten« Kapitalismus mit wohlfahrtsstaatlichem Konsens betrug das Wachstum der Weltwirtschaft durchschnittlich 4,8 Prozent jährlich, in den Jahren seither durchschnittlich 3,2 Prozent. »Ein Unterschied von 1,6 Prozentpunkten mag nicht sehr groß erscheinen«, schreibt Robert Skidelsky. »Doch wäre die Weltwirtschaft von 1980 bis heute um 4,8 Prozent gewachsen anstatt um 3,2 Prozent, wäre ihr Volumen heute um 50 Prozent größer; mit der durchschnittlichen Wachstumsrate von 1980 bis 2009 werden wir dieses Volumen erst im Jahr 2022 erreichen. (Der aktuelle wirtschaftliche Einbruch ist in dieser Rechnung noch gar nicht berücksichtigt.)[28]

Das häufig gebrauchte Argument, dass die Wohlstandszuwächse in den entwickelten Marktwirtschaften heute geringer ausfallen, weil sie Konkurrenz durch ehemalige Entwicklungsländer – sogenannte »Emerging Markets« – erhalten, die eben jetzt einen faireren Anteil vom Kuchen bekommen, zieht nicht. Denn die Zahlen sind die Zahlen für die Weltwirtschaft, und in diese sind die Wohlstandsgewinne der einstmals unterentwickelten Länder schon eingerechnet. Im Grunde zeigt dies, dass die Verflachung der Zuwachskurve noch viel dramatischer ist, als die nackten Zahlen nahelegen: Obwohl heute viel mehr Länder zum Wachstum beitragen und große Ökonomien wie China Wachstumsraten von acht oder zehn Prozent aufweisen, hat sich der Reichtumszuwachs dramatisch abgeflacht. Schließlich werden auch die aufstrebenden Volkswirtschaften durch die globalen Instabilitäten in Mitleidenschaft gezogen: die Lateinamerikakrise in den achtziger Jahren, die Asienkrise Ende der neunziger Jahre, all die »kleinen«, regionalen Finanzkrisen bescherten diesen Volkswirtschaften herbe Rückschläge und oft ein ganzes verlorenes Jahrzehnt.

Mancher forsche Linke würde nun wohl mit einem Achselzucken zu bedenken geben, all das zeige doch nur, dass der Kapitalismus eben »prinzipiell böse« sei. Aber so simpel sind die Dinge nicht. Man kann die Marktwirtschaft gerechter machen – und wenn man das tut, macht man sie auch noch funktionstüchtiger. Das ist die erfreuliche Lehre jener Jahre des »guten Kapitalismus«, wie ein deutsches Ökonomenkollektiv diese Phase in Abgrenzung zum früheren und späteren Raubtierkapitalismus genannt hat.[29] Gewiss kann man das Rad der Zeit nicht einfach zurückdrehen – und kaum jemand würde das wollen. Die fünfziger, sechziger und siebziger Jahre waren nicht nur ein »goldenes Zeitalter«, gesellschaftliche Modernisierungsprozesse haben die westlichen Industriegesellschaften seither freier und bunter gemacht, aber auch sie haben zu gesellschaftlicher Ungleichheit beigetragen. In vielen Fällen war die Liberalisierung von Märkten für Produkte und Dienstleistungen die Triebfeder von Innovationen, die Produktivität und Lebensstandard erhöht haben. So schreiben die Autoren in ihrem Manifest für einen »guten Kapitalismus« denn auch, dass es nicht darum gehen könne, »das Wirtschaftssystem zurück in jenen Regulierungsstand zu versetzen, den es etwa in den sechziger oder siebziger Jahren gegeben hat. Stattdessen müssen die neuen Rahmenbedingungen und staatlichen Eingriffe unter dem Grundsatz stehen, die emanzipatorischen Elemente der Liberalisierung der vergangenen Jahrzehnte zu erhalten, während die destabilisierenden Elemente der Deregulierung wieder eingefangen werden.«[30] Ihr Credo: »Ein guter Kapitalismus ist möglich.«

Aber ein solcher Kapitalismus kann keiner sein, in dem man »die Märkte« einfach sich selbst überlässt. Insbesondere die Finanzmärkte brauchen einen engen Regulierungsrahmen. Geschäftsbanken, die die Einlagen normaler Bürger verwalten, sollten sich nicht am spekulativen Zockermarkt beteiligen dürfen. Auch Investmentbanken sollte nicht alles erlaubt sein. Das Mindeste ist ein modernes Verbraucherschutzgesetz, das Investmenthäuser dazu verpflichtet, alle Risiken und Nebenwirkungen ihrer Finanzprodukte auch für die Kunden offenzulegen und ihnen einen realen Regressanspruch zu verschaffen. Finanzprodukte, die nur spekulative Wirkung und keinen Sinn für die Wirtschaft haben, müssen verboten werden. Banken sollten auch dazu verpflichtet werden, von allen Finanzprodukten, die sie emittieren, einen bestimmten Prozentsatz – etwa zehn Prozent – in den eigenen Büchern zu behalten. Das würde den Anreiz, hochriskante Produkte an gutgläubige Kunden zu verscherbeln, schlagartig reduzieren. Die Eigenkapitalregeln der Banken sollten so verändert werden, dass sie einerseits Liquiditätspolster für schlechtere Zeiten haben und andererseits ein Verfall von Marktpreisen nicht sofort zu einer Kettenreaktion führt, die einen weiteren Preisverfall notwendig nach sich zieht. Finanzdienstleister sollten positive steuerliche Anreize erhalten, Produkte zu entwickeln, die den Bürgern nützen – und negative »Anreize«, wenn sie Produkte entwickeln, die den Bürgern nur das Geld aus der Tasche ziehen und jedes Risiko auf sie abwälzen. Finanztransaktionssteuern würden einerseits kurzfristige Spekulationsanlagen unattraktiv machen und andererseits die staatlichen Haushalte entlasten. Die Ratingagenturen sollten entweder dazu gezwungen werden, ihr Geschäftsmodell zu ändern (es ist einfach irrwitzig, dass sie von den Banken bezahlt werden, deren Produkte sie bewerten sollen), oder durch staatliche oder supranationale Ratingagenturen ersetzt werden. Der Handel mit hochstrukturierten Produkten muss streng reguliert werden, weil sie – auch wenn sie im Grunde für bestimmte Firmen nützlich sind – große Risiken produzieren, die ihren Nutzen mehr als aufwiegen. So ist es absurd, dass es Banken erlaubt ist, Wertpapiere zu emittieren und an ihre Kunden zu verkaufen – und dann mit Hilfe komplizierter Ausfallversicherungen auf den Kursverfall genau jener Wertpapiere zu spekulieren und sie damit zum Nachteil ihrer Kunden in die Verlustzone zu wetten. Auch wenn es einen gewissen Nutzen hat, dass es solche Papiere zur Versicherung gegen Risiken gibt, so entwickeln sie schnell ihre fatalen Nebenwirkungen. Ein sprechendes, geradezu bizarres Exempel dafür ist, was sich 2009 in Kasachstan zutrug. Die US-Bank Morgan Stanley besaß Anteile an einer Bank in Kasachstan, die in Schwierigkeiten geriet. Morgan Stanley besaß aber auch viele CDS – Kreditausfallversicherungen –, die sie gegen den Verlust ihres Investments absicherten. Unter normalen Bedingungen hätte Morgan Stanley versucht, die Bank zu retten (etwa durch den Erlass eines Teils der Schulden), um so einen Teil des Investments zu sichern. Da sie sich aber durch eine große Menge von CDS derart rückversichert hatte, dass der Bankrott der Firma ihr mehr brachte, trieb sie die Bank ins Desaster.[31] Die Kreditausfallversicherungen sind also nicht nur eine Absicherung gegen Pleiten, sie sind ein Anreiz, auch gesunde Firmen in die Pleite zu treiben. Diese und viele andere Dinge müssen restriktiv reguliert werden. Vielleicht ist es nicht nötig, alle hochspekulativen Produkte zu verbieten – möglicherweise kann man sie auch so »einhegen«, dass sie ihre nützliche Wirkung entfalten können und man ihre negativen Potenziale ausschließt. Letztendlich muss man die Banker dazu zwingen, an solchen Reformen mitzuwirken. Das wird nicht durch freundliches Zureden klappen, dafür braucht es wohl brutalstmöglichen Druck. Den großen Playern in der Finanzindustrie muss klargemacht werden, dass die Zeiten vorbei sind, in denen sie sich auf Kosten der großen Bevölkerungsmehrheit und der gesamten Wirtschaft bereichern konnten.

All das ist mehr als überfällig – und es wären ohnehin nicht mehr als die ersten ein, zwei zaghaften Schritte. Denn ein »guter Kapitalismus« ist auch keiner, in dem über die Einkommensverteilung das »Recht des Stärkeren« entscheidet und die Regierungen immer mehr zu Nachtwächterregierungen werden, die zwar die Banker retten dürfen, wenn die mal wieder das System gegen die Wand gefahren haben, aber sich ansonsten aus langfristigen Investitionsentscheidungen heraushalten sollen. Gesellschaften müssen sich auch ehrgeizige Ziele setzen, um gerechter, aber auch nachhaltiger zu wirtschaften. Solche Ziele setzen sich »die Märkte« und einzelwirtschaftlich denkende Firmen nicht. Marktakteure denken nicht in langen Fristen, ihnen kann es nur um Profite heute und morgen gehen, aber nicht um nachhaltiges Wirtschaften in zwanzig Jahren. Denn selbst wenn man, wie die Gläubigen der Marktreligion, annimmt, dass die Märkte die besten »Informationssignale« senden, so ist auch klar, dass »Leute, die noch nicht geboren sind, auch keine Marktteilnehmer sind – sie senden überhaupt keine Marktsignale«.[32]

Es gibt, formuliert Joseph Stiglitz, »zwingende moralische Gründe für eine gerechte Verteilung; aber sie ist auch notwendig, um nachhaltiges Wachstum zu erzielen. Der wichtigste Produktionsfaktor eines Landes sind seine Menschen, und wenn ein hoher Prozentsatz der Menschen sein Potenzial nicht ausschöpft …, kann auch das Land insgesamt sein Potenzial nicht ausschöpfen.«[33] Eine gerechtere Gesellschaft, die mehr Gleichheit realisiert und alle ihre Bürger am Wohlstand beteiligt, ist also auch eine ökonomisch funktionstüchtigere Gesellschaft. Die Wirtschaftskompetenz der Progressiven besteht darin, dass sie das verstehen. Das ist ein entscheidender Punkt, den die Kräfte der Linken in den vergangenen Jahrzehnten viel zu wenig verdeutlicht haben. Gleichwohl, die Wirtschaft ist nicht alles. Die Wirtschaft ist für die Menschen da, nicht die Menschen für die Wirtschaft. Dass die Wirtschaft besser funktioniert, ist also nicht das einzige, nicht einmal das zentrale Argument, das für mehr Gleichheit spricht. In Gesellschaften mit weniger sozialer Ungleichheit lässt es sich ganz generell besser leben. In solchen Gesellschaften sind die Bürger, ganz simpel gesprochen, einfach glücklicher. Davon handelt das nächste Kapitel.

2. Gleichmacherei? Ja, bitte!

In Gesellschaften ohne krasse Ungleichheiten geht es allen besser – die Menschen sind glücklicher, sie leben länger und gesünder, und alle können aus ihrem Leben etwas machen.

Kurz vor seinem Tod brachte der progressive amerikanische Philosoph Gerald A. Cohen im Jahr 2009 ein kleines Büchlein heraus, das den lapidaren Titel »Why Not Socialism?« trägt – »Warum nicht Sozialismus?« – und an dessen Ausgangspunkt er ein hübsches Gedankenexperiment stellt:

»Du, ich und eine ganze Rotte anderer Leute, wir machen einen Campingausflug. Es gibt keine Hierarchie unter uns; das gemeinsame Ziel von uns allen ist, dass wir eine gute Zeit haben, dass jeder, so weit wie möglich, die Dinge tut, die er oder sie am liebsten macht (manche werden wir zusammen tun, andere wieder getrennt). Wir haben auch einige Hilfsmittel dabei, um unser Unternehmen auszuführen: Töpfe und Pfannen, Öl, Kaffee, Angelzeug, einen Fußball, Spielkarten usw. Wie bei solchen Ausflügen üblich, bedienen wir uns dieser Dinge gemeinschaftlich: Selbst wenn sie sich im Privatbesitz befinden, sind sie während des Ausfluges unter kollektiver Kontrolle, und wir haben eine instinktive Übereinkunft darüber, wer sie wie benützen wird und warum. Der eine wird fischen, jemand das Essen vorbereiten, ein anderer kochen. Leute, die es hassen, zu kochen, aber den Abwasch lieben, werden alles abwaschen usw. Es wird also eine Fülle an Unterschieden zwischen uns geben, aber es gibt ein wechselseitiges Verständnis darüber – ja, der ganze Geist des Unternehmens ist davon geprägt –, dass es keine Ungleichheiten geben wird, gegen die jemand aus prinzipiellen Gründen etwas einwenden könnte.

Es ist ganz normal bei Campingausflügen und, was wichtig ist, in vielen anderen Kontexten, dass Menschen auf Basis eines Gemeinschaftsgeistes handeln, der sicherstellen soll, dass alle weitgehend gleiche Möglichkeiten haben, sich zu entwickeln oder ihre Freude zu haben, vorausgesetzt, sie tragen auf angemessene Weise dazu bei, dass auch andere ihre Freude haben und ihre Möglichkeiten entwickeln können. In diesem Kontext, so garantiere ich ihnen, akzeptieren die meisten Leute, sogar die am meisten antiegalitär eingestellten, die Normen der Gleichheit und Reziprozität. Ja, die Akzeptanz dieser Normen ist derart selbstverständlich, dass sie praktisch niemand in Frage stellt, ja nicht einmal über sie nachdenkt.

Dabei könnte man sich leicht einen Campingausflug ausdenken, bei dem jeder seine Rechte über jenen Teil des Equipments ausübt, den er besitzt, und jeder über die Talente, über die er verfügt, und bei dem dann ein reger Handel darüber beginnt, wer etwa wie viel dafür zu bezahlen hat, um das Messer zum Kartoffelschälen zu benützen, und wie viel es kostet, die dann bereits geschälten Kartoffeln zu essen, die der Koch in ungeschältem Zustand von einem anderen Camper gekauft hat, und so weiter. Wir könnten natürlich ganz leicht einen Campingausflug auf Basis der Grundsätze der Marktwirtschaft und des Privatbesitzes organisieren.

Aber die meisten Menschen würden das einfach hassen.«

Die Menschen haben es gern, kooperativ mit anderen etwas zu tun, und es ist für sie auch sehr wichtig, dass alle allen auf Augenhöhe begegnen, einander mit dem Respekt behandeln, der Gleichen gebührt. Dabei ist die Gleichheit in den vergangenen Jahrzehnten gehörig aus der Mode gekommen. Schon der Versuch, nicht absolute Gleichheit, sondern nur ein bisschen mehr Gleichheit unter den Menschen herzustellen, wurde als naives Liebäugeln mit gefährlichen kommunistischen Flausen an den Pranger gestellt, und kaum etwas gilt als derart altmodisch und total retro wie die »Gleichmacherei«. Worte wie »Verteilungsgerechtigkeit« haben etwa den abgestandenen Charme von Laminatfußböden. Schließlich hatte man uns ja in einem massiven ideologischen Trommelfeuer jahrelang eingeredet, man müsse Ungleichheiten akzeptieren, wenn man eine brummende Wirtschaft haben wolle. Aber man hatte die Ungleichheit nicht nur für funktional erklärt, man hatte sie auch schöngeredet. Schließlich ist die Welt bunt, alle Menschen sind unterschiedlich – wunderbar! Und die Menschen seien schließlich vom Wettbewerbsgeist beseelt, es mache ihnen Spaß, besser als andere zu sein, sodass eine Gesellschaft, die Ungleichheiten zulasse, nicht nur tollere Unternehmen und bessere Produkte entwickle, sondern auch tollere Menschen hervorbringe. Deshalb sehen heute viele Leute jeden Versuch, Gesellschaften auch nur ein bisschen gleicher zu machen, instinktiv als einen Angriff auf die menschliche Natur an. Dass die Bürger in vielen gesellschaftlichen Bereichen die immensen Ungleichheiten als unfair und übertrieben betrachten, wurde gar nicht mehr richtig wahrgenommen – oder höchstens am Rande. Auch die politische Philosophie und die Sozialphilosophie gerieten nach und nach in den Sog dieser Ideen. Da die Bürger in manchen Fällen mehr Gleichheit als gerecht ansehen, in manch anderen aber durchaus auch Ungleichheit als gerecht zu akzeptieren bereit sind, entwickelte sich in der Philosophie eine »Gerechtigkeitskritik«, die der »Komplexität von Gerechtigkeitskulturen« *gerecht* zu werden versuchte. »Wenn

Ehren nach hervorragender Leistung, Wohlstandsgüter nach freiem Tausch und Ämter oder politische Macht nach Qualifikation verteilt würden, sei an diesen Ungleichheiten nichts auszusetzen«, wurde etwa argumentiert.[34] In komplexen modernen Gesellschaften sei das Streben nach Gleichheit keineswegs prioritär, vielmehr seien auch »Gerechtigkeitsprinzipien der Qualifikation, des Verdienstes, der Dankbarkeit, der Wiedergutmachung von Unrecht, der Kompensation besonderer Härten und der formalen Berechtigung nicht nur gegeneinander, sondern auch noch gegen das Nutzensprinzip abzuwägen«.[35]

Denker, die eher der politischen Linken nahestehen wie der britische Soziologe Anthony Giddens, ließen die Idee von gesellschaftlicher Gleichheit fahren und sprachen höchstens noch – verschämt – von einer »Umverteilung der Möglichkeiten«.[36] Salopp gesagt: Die Chancen und Ausgangsbedingungen sollten einigermaßen fair verteilt sein, aber was jeder aus diesen Möglichkeiten macht, ginge niemanden mehr etwas an. Selbst eher linkere Sozialdemokraten wie der Mitbegründer der SPD in der DDR und frühere Bundestagspräsident Wolfgang Thierse wagten den Nutzen von Ungleichheiten nur noch zu relativieren: Heute stelle sich »die Frage, welche Ungleichheiten ein zeitgemäßer Gerechtigkeitsbegriff verlangt«. Wenn Ungleichheiten gerechtfertigt werden können, »wie verhalten sich diese Ungleichheiten zu den Gleichheiten, die auch künftig von einem normativ richtigen und wirklichkeitsnahen Gerechtigkeitsbegriff verlangt werden«. Welche Rolle spiele die Gleichheit »für den Zusammenhang einer Gesellschaft, für die Legitimation der Politik, für die Erzeugung von Loyalitäten des einzelnen gegenüber seiner Gesellschaft, seinem Gemeinwesen«?

Währenddessen wurden die Ungleichheiten in unserer

Gesellschaft immer krasser und damit auch jene »Ungleichheiten der Möglichkeiten«, die noch immer allgemein als unfair und nicht zu rechtfertigen betrachtet wurden. 59 Prozent der Weltbevölkerung lebten im vergangenen Jahrzehnt in Gesellschaften, in denen die Ungleichheiten zunahmen, und nur fünf Prozent in solchen, in denen sie abnahmen.[37] Und immer deutlicher äußerten die Bürger in Umfragen ihren Ärger darüber, dass es »nicht mehr gerecht zugeht«.

Erst seit den jüngsten spektakulären Erhebungen der modernen »Glücksforschung« ist der Wert der Gleichheit wieder rehabilitiert. Diese »Happiness Studies« haben in den vergangenen Jahren einige Fortschritte gemacht. Erstens, weil die avancierte Gehirnforschung nachweisen kann, welche Arten von Stress, Belastungen oder Kränkungen »unglücklich« machen (und auf welche Weise das geschieht), und umgekehrt, was Menschen »glücklich« macht – und was genau dann im Gehirn geschieht. Zweitens verfügen die Sozialwissenschaften mittlerweile über sehr aussagekräftige langfristige Datensätze zum »subjektiven Wohlbefinden« in einzelnen Gesellschaften – und über die Veränderungen dieses Wohlbefindens im Lauf der Zeit; und drittens sammeln internationale Institutionen wie die UNO, die Weltbank oder die WHO sehr detaillierte Statistiken über wichtige Lebensqualitätsparameter wie Gesundheit, Lebenserwartung, Kindersterblichkeit, Häufigkeit psychischer Erkrankungen, Gewaltkriminalität usw. All diese drei Stränge der »Happiness Studies« brachten ein eindeutiges Ergebnis: In egalitäreren Gesellschaften sind die Menschen glücklicher. Es lebt sich in ihnen angenehmer. Sie funktionieren besser und sind in beinahe jeder Hinsicht erfolgreicher als Gesellschaften mit einem hohen Grad an Ungleichheit.

Um Missverständnissen vorzubeugen: Mit »Glück« ist

nicht das subjektive Glück gemeint, das Sie verspüren, wenn sie ein Kind wiegen, oder das Zufriedenheitsgefühl nach einem guten Essen oder, umgekehrt, das Unglücksgefühl, wenn Sie der Partner verlässt. Die Forschung stützt sich weitgehend auf objektivierbare Parameter. Kurz gesagt: Das individuelle Unglück, ein Hypochonder zu sein, mag ein Zufall sein; aber die Wahrscheinlichkeit, länger oder kürzer ein gesundes Leben zu führen, variiert von Gesellschaft zu Gesellschaft und hat viel mit ihren Institutionen, ihrem Bildungssystem, ihrer Gleichheitskultur, ihrem Gesundheitssystem und Ähnlichem zu tun. Es ist ein messbarer objektiver Lebensqualitätsparameter. Und die durchschnittliche Veränderung der langfristig abgefragten »Lebenszufriedenheit« ist zwar ein weniger exakt messbarer Faktor als die durchschnittliche Lebenserwartung, aber doch ein signifikanter Indikator, der gesellschaftlich bestimmt ist – und weniger durch das zufällige individuelle Glück einzelner Bürger.

Wenn das Nationaleinkommen einer noch armen Gesellschaft wächst, werden auch die Menschen glücklicher, einfach, weil Armut unglücklich und weniger Armut etwas weniger unglücklich macht. »Nach dem Zweiten Weltkrieg hat der einsetzende Wohlstand gerade in den westlichen Ländern die Menschen auch glücklicher gemacht«, schreibt der britische Ökonom Richard Layard in seinem Buch »Die glückliche Gesellschaft«.[38] Aber ab einem gewissen Wohlstandsniveau übersetzen sich Reichtumszuwächse nicht mehr automatisch in mehr Lebensfreude und Zufriedenheit – auch in dieser Hinsicht ist, um das mit einem Wort der Ökonomie zu sagen, an irgendeinem Punkt mit »abnehmenden Erträgen« zu rechnen. Alle Untersuchungen »beweisen, dass die Menschen heute nicht glücklicher sind als vor fünfzig Jahren. Und das, obwohl sich das reale Durchschnittseinkommen in diesem

Zeitraum mehr als verdoppelt hat.«[39] Wenn der Reichtum einer Gesellschaft wächst – also das Nationaleinkommen pro Kopf –, aber mit ihm auch die Ungleichheit, werden die Menschen oft sogar unglücklicher. Denn dann setzt ein »Statuswettlauf« ein, und »wir fühlen ein großes Bedürfnis, mit anderen mitzuhalten«[40] – das bringt uns aus der Ruhe, versetzt uns in Stress, und wenn andere deutlich mehr haben als wir, dann freuen wir uns nicht mehr über das, was wir haben. In Gesellschaften, in denen die sozialen Unterschiede wachsen – und das sind ja immer auch jene, die ein Loblied auf den »individuellen Erfolg« singen –, nimmt die gesellschaftliche Konkurrenz zu, und das ist »ein wichtiger Grund, warum das Glücksempfinden mit dem Wirtschaftswachstum nicht zugenommen hat«.[41]

»Geld macht nicht glücklich«, sagt der Volksmund, und das ist gewiss eine etwas pfäffische Weisheit. Wir alle wissen, dass sie stimmt – und auch nicht. Kein Geld zu haben macht nämlich in jedem Fall unglücklich. Weniger Geld zu haben als die meisten Menschen um einen herum macht auch unglücklich, selbst wenn sich immer wieder erweisen mag, dass der Nachbar, Kollege oder Bekannte, der sehr viel Geld hat, ebenfalls nicht rundum froh ist. Vor allem bekommt die Lebensweisheit schnell einen zynischen Beigeschmack, wenn sie von etwas gelangweilten und depressiven Wohlstandsbürgern ausgesprochen wird – denn jede Sozialhilfeempfängerin weiß, dass sie etwas mehr Geld wohl schon ein gehöriges Stück glücklicher machen kann.

In Gesellschaften mit groben Ungleichheiten sind die Menschen im Durchschnitt unglücklicher – wobei natürlich die Reichen glücklicher als die Armen sind. So bezeichnen sich 45 Prozent der reichsten US-Amerikaner als »sehr glücklich«, wohingegen im ärmsten Viertel nur

33 Prozent das von sich behaupten. Zu den erstaunlichsten Sachverhalten zählt aber der Umstand, dass in Gesellschaften mit starken Einkommensdiskrepanzen die Menschen nicht nur im Durchschnitt unglücklicher sind, sondern auch in jedem einzelnen Einkommenssegment.

Also: In Gesellschaften, die schroff in Reich und Arm gespalten sind, fühlen sich die Reichsten keineswegs besonders glücklich, im Gegenteil. Sie sind in aller Regel unglücklicher als ihre »Kollegen« in egalitäreren Gesellschaften. Warum das so ist, lässt sich nur erahnen oder interpretieren. »Statusunterschiede werden umso wichtiger, je größer die materielle Ungleichheit ist«, schreiben die beiden Sozialforscher Richard Wilkinson und Kate Pickett in ihrer fulminanten Studie »Gleichheit ist Glück. Warum gerechtere Gesellschaften für alle besser sind«.[42] Sie haben Berge von Datensätzen aus etwa 200 ganz unterschiedlichen Erhebungen für ihre Untersuchung ausgewertet und kamen zu dem Befund: »Die Analysen deuten darauf hin, dass auch die reichsten Gruppen einen Gewinn von mehr Gleichheit haben.«[43] Vor allem aus drei Gründen: Erstens macht die verschärfte Statuskonkurrenz vor den Wohlhabenden nicht halt – auch sie müssen fürchten, dass einer noch reicher ist oder noch mehr Prestige hat als sie. Die Mühe, die man hat, oben zu bleiben, ist auch für sie größer – und der Stress, den das verursacht, ist in antiegalitären Gesellschaften viel stärker als in egalitären. Zweitens trägt Ungleichheit zu einer Verschlechterung der sozialen Beziehungen in einer Gesellschaft bei. Die Bürger begegnen sich feindseliger, man muss stets auf der Hut sein, von anderen überholt zu werden – das macht allen Bürgern das Leben schwerer. Und drittens funktionieren in Gesellschaften, die durch tiefe soziale Gräben zerrissen sind, viele Institutionen einfach schlechter – was auch wiederum für alle negative Auswirkungen hat. Kurzum: Der Egoismus ist sogar für die Egoisten unkomfortabel. »Ungleichheit zersetzt die Gesellschaften«, resümiert die Forscherin Kate Pickett. Wie sehr und wie negativ sich Ungleichheit auswirkt, habe aber auch sie »überrascht«.[44] Ihr Kollege und Lebensgefährte Richard Wilkinson assistiert: »Massive Ungleichheit macht eine Gesellschaft ganz generell dysfunktionaler. Ohne Ausnahme.«

Die Indizien, die sie zusammengetragen haben, sind so eindeutig, dass sie nicht einmal die Propagandisten der Ungleichheit in Zweifel ziehen können. In nahezu allen Lebensqualitätsparametern schneiden relativ egalitäre Gesellschaften wie etwa die skandinavischen Länder, aber auch Japan deutlich besser ab als krass antiegalitäre Gesellschaften wie etwa die USA, Großbritannien oder Portugal. »Gesundheitliche und soziale Probleme kommen signifikant häufiger in Ländern vor, in denen die Einkommensschere weit geöffnet ist.«[45] Und zwar nicht bloß deshalb, weil das Elend der Schlechtergestellten den Durchschnitt drückt; sondern weil nahezu alle in diesen Gesellschaften unter dem sozialen Stress zu leiden haben. So hat ein Baby, das im relativ armen Griechenland geboren wird, eine um 1,2 Jahre höhere Lebenserwartung als ein in den reichen USA geborenes Kind. Auch weiße amerikanische Mittelschichtsbürger haben eine geringere Lebenserwartung als vergleichbare Einwohner in den egalitären skandinavischen Ländern.

Statusangst macht die Menschen krank. Und die Statusunterlegenen leiden massiv. Das allgemeine Gesundheitsniveau und die Lebenserwartung hängen heute in entwickelten Ländern nicht so sehr vom Reichtum der Gesellschaft als Ganzes ab, sondern von der Verteilung des Reichtums. In ungleichen Gesellschaften stirbt man früher. Und am frühesten sterben die, die in der gesellschaftlichen Pyramide ganz unten stehen. »Wo immer wir in der Hierarchie stehen: Die über uns sind gesünder, die unter uns sind kränker.«[46]

Der Anteil der Fettleibigen ist in ungleichen Gesellschaften ebenso markant höher wie der Anteil der Inhaftierten, die Anzahl der Gewaltverbrechen ebenso wie der Anteil an unerwünschten Teenagerschwangerschaften, und auch psychische Erkrankungen sind deutlich häufiger. Und obwohl die Apologeten der sozialen Ungleichheit immer behaupten, in diesen Gesellschaften herrsche ein Leistungsethos und jeder, der sich anstrengt, könne von unten nach oben kommen, ist das Gegenteil wahr. Die Bessergestellten kapseln sich ab und hindern die Unterprivilegierten am sozialen Aufstieg. Die Unterprivilegierten selbst sind durch ihre Statusunterlegenheit oft derart entmutigt, dass sie es ohnehin nicht versuchen. In Gesellschaften mit groben Ungleichheiten gibt es also nicht nur die »Ungleichheit im Ergebnis«, sondern auch massive »Chancenungleichheit«. Nicht nur, dass beispielsweise Kinder aus unterprivilegierten Schichten oft bessere Leistungen bringen müssen als Kinder aus wohlhabenden Familien – Untersuchungen haben ergeben, dass die Kinder aus ärmeren Familien auch bei gleichen Fähigkeiten in Prüfungssituationen oft versagen –, Statusunterlegenheit »kann die Leistung eines Menschen massiv mindern«.[47] Je ungleicher eine Gesellschaft, umso niedriger das allgemeine Bildungsniveau. Und je mehr Ungleichheit eine Gesellschaft zulässt, umso geringer die soziale Mobilität, also die Möglichkeit, die Unterprivilegiertheit hinter sich zu lassen und aufzusteigen. Allen Phantasien vom »amerikanischen Traum« zum Trotz sind deshalb in den USA »die statistischen Chancen eines armen Amerikaners, es an die Spitze der Einkommenspyramide zu schaffen, geringer als im ›Alten Europa‹«, beklagt Wirtschaftsnobelpreisträger Joseph Stiglitz.[48] »Die Armen bleiben arm«[49] (Tony Judt).

Ungleichheit hat also eine Reihe von gravierenden negativen Auswirkungen – auf die betroffenen Unterprivilegierten, aber auch auf die gesamte Gesellschaft.

Natürlich ist für das subjektive Wohlbefinden nicht nur wichtig, wie viel Geld jemand hat und wie gleich – oder ungleich – die Einkommen in einer Gesellschaft verteilt sind. Eine Schlüsselrolle für das Glück spielt die Frage, wie man zu dem Einkommen kommt. Nichts macht Menschen so unglücklich wie Arbeitslosigkeit. »Arbeit versorgt uns nicht nur mit Geld, sondern auch mit Sinn«, schreibt Richard Layard. »Aus diesem Grund wird Arbeitslosigkeit oft als vernichtend empfunden: Nicht nur, dass das Einkommen weniger wird, zugleich wird auch das Selbstwertgefühl zerstört, und die sozialen Beziehungen gehen verloren, die am Arbeitsplatz bestanden.«[50] Alle Daten zeigen sogar, dass der Einkommensverlust als viel weniger schlimm empfunden wird als der Verlust der Arbeit selbst. Wer keinen Job hat, der hat keinen Platz in der Gesellschaft. Dies ist einer der wichtigsten Gründe dafür, dass wir uns mit hohen Arbeitslosenraten nie abfinden dürfen – und eine Wirtschaftspolitik betreiben müssen, die für möglichst viele Menschen möglichst viele gute Jobs schafft. Eine Mindestsicherung – ein bedingungsloses Grundeinkommen oder Bürgergeld –, die Menschen ohne Arbeit ein würdevolles Leben ermöglicht, ist immer nur die zweitbeste Lösung; die beste Lösung ist eine Gesellschaft, in der Vollbeschäftigung herrscht. Fast jeder Job ist besser als kein Job, aber ein guter Job ist besser als ein schlechterer Job. »Es ist auch wichtig, dass die Arbeit befriedigt. Vielleicht mit am wichtigsten ist die Frage, inwieweit man am Arbeitsplatz eigenverantwortlich handeln kann. Jeder von uns ist kreativ, und wenn diese Kreativität nicht gefragt ist, dann fühlen wir uns innerlich tot.«[51]

Es ist nicht nur schwere körperliche Arbeit, die krank

macht, sondern auch untergeordnete, unbefriedigende Arbeit. Früher, als man noch nicht über ausreichende Datensätze verfügte, nannte man den Herzinfarkt irrtümlich die »Managerkrankheit«. Man ging davon aus, dass die unter hohem Zeitdruck arbeitenden Führungskräfte durch den »Stress« krank werden. Aber es ist nicht diese Art von Stress, die krank macht. Denn diese Führungskräfte haben immer auch Glücksmomente in ihrer Arbeit, sie erfahren sehr viel Anerkennung, und nur selten müssen sie mit demütigenden Situationen klarkommen. Erst wenn Stress am Arbeitsplatz mit dem »Gefühl der Menschen, fremdbestimmt zu arbeiten«[52], einhergeht, leidet die Gesundheit massiv. So widmete sich eine Langzeitstudie in Großbritannien den Gründen für Herzkrankheiten und andere chronische Erkrankungen bei männlichen Beamten. »Entgegen den Erwartungen wurde eine deutliche Korrelation zwischen Sterbeziffern und Position in der Beamtenhierarchie festgestellt … Bei den männlichen Beamten der unteren Ebene betrug die Sterbeziffer das Dreifache der Sterbeziffer für leitende Beamte.«[53]

Deklassiertheit, Unterprivilegiertheit, materieller Mangel, gestörte soziale Beziehungen, kulturelle Abgehängtheit, Respektlosigkeit – all das grassiert in Gesellschaften mit krassen und wachsenden Ungleichheiten. Wenn die Gewinner in solchen Gesellschaften uns glauben machen wollen, Ungleichheiten seien funktional für die Prosperität, weil sie Leistung belohnen, ignorieren sie gerne, welche Kosten sie einer Gesellschaft damit aufbürden. Wie eine Fabrik, die deshalb »konkurrenzfähig« produziert, weil sie die Umwelt verpestet und damit Kosten auf alle anderen abwälzt, so hat auch die Ungleichheit ihre Kosten, die die Allgemeinheit zu übernehmen hat – also auch eine Firma, die Dumpinglöhne zahlt, bürdet der Gesellschaft externalisierte Kosten auf. Wer in einer Gesellschaft mit verschärfter Statuskonkurrenz unten ist, der fühlt sich erniedrigt. Er ist verbittert. Er wird oft auch seiner gesamten Umgebung gegenüber feindselig, gibt allen die Schuld an seiner Misere. Ja, sagen wir es ganz offen: Er wird manchmal auch unsympathisch und ein böser Mensch. Aber das muss uns auch nicht wundern.

Gewiss, wir kennen es aus den schönen Charles-Dickens-Romanen, dass die Elendsten jene sind, die das Herz am rechten Fleck haben. Aber darauf darf man sich in der wirklichen Welt nicht verlassen. In der wirklichen Welt gilt: Depraviertheit, also Abgehängtsein und Chancenlosigkeit, veredelt nicht, sie verroht. Sie macht psychisch krank, oft auch gewalttätig und lässt Menschen, die unter anderen Bedingungen ein gutes Leben führen und einen produktiven Beitrag zu einer Gesellschaft leisten könnten, absacken. Gerne wird von den satten, selbstgerechten Winnertypen ins Feld geführt, dass in unseren westlichen Gesellschaften niemand »wirklich« arm sei, jedenfalls müsste in westeuropäischen Sozialstaaten niemand ohne Dach über dem Kopf sein und verhungern schon gar nicht; auch wer von staatlicher Hilfe lebe, müsse oft nicht einmal auf die Segnungen der modernen Kommunikationstechnologien verzichten. Wer so spricht, der übersieht, welche desaströsen Folgen die totale Abgehängtheit, chronische Unsicherheit oder auch nur eine untergeordnete Stelle in einer rigiden Hierarchie hat, selbst wenn für die materiellen Grundbedürfnisse – ohnehin mehr schlecht als recht – gesorgt ist. Wer unten ist, wird täglich gemobbt, ist Respektlosigkeit ausgesetzt, Ziel fortwährender Kränkungen, ist zum Loser gestempelt, wird zum Opfer, und das heißt auch: Er hat keinen Subjektstatus mehr, ist nur mehr Objekt sozialarbeiterischer Verwaltung, Statist in dem Sozialporno, der sein Leben ist. Zu den »Grundbedürfnissen«, die zu einem Leben in

Würde gehören, zählen eben nicht nur die materiellen Basics wie Wasser, Essen, ein Dach über dem Kopf – sondern auch, als Bürger respektiert, als Mensch auf Augenhöhe wahrgenommen zu werden. Sind viele Menschen täglichen Demütigungen ausgesetzt, verrotten Gesellschaften von innen.

Nichts ist absurder als die Behauptung der Neoliberalen, mehr Gleichheit führe zu Ineffizienzen, weil sich die Menschen nicht mehr anstrengen würden, wenn sich, etwa wegen staatlicher Umverteilung, Leistung nicht mehr richtig lohnt. Nichts ist so »ineffizient«, als die Unterprivilegierten ohne alle Lebenschancen zu lassen. Nichts ist so »ineffizient« wie Arbeitslosigkeit. Nichts ist so »ineffizient« wie Menschen, die wegen ihrer sozialen Deklassiertheit verbittert sind. Gerechtere Gesellschaften sind »gleichzeitig auch effizienter«[54], urteilt deshalb der US-Ökonom John K. Galbraith. Das Beispiel egalitärer Wohlfahrtsstaaten wie Dänemark zeige, »dass ein geringes Lohngefälle mit einem effizienten, weitentwickelten und reichen Wirtschaftssystem kombiniert werden kann … Ein Teil dieses Rätsels ist einfach zu lösen. Ineffizienz ist in vielen Ländern auf Arbeitslosigkeit zurückzuführen: Leute, die nicht arbeiten, produzieren nichts, und der Verlust ihrer Güter und Dienstleistungen macht die Gesellschaft insgesamt ärmer.«[55]

Freilich machen nicht nur soziale Ungleichheiten unsere Gesellschaften »ungleicher«. In den vergangenen Jahrzehnten wurden sie in vielerlei Hinsicht vielfältiger. Durch das, was man so salopp den »sozialen Wandel« nennt, haben sich unsere Gesellschaften ausdifferenziert. In den fünfziger Jahren war die breite Mitte der Gesellschaft noch von lebenskultureller Konformität geprägt – die Gesellschaften waren homogen. Die Männer gingen morgens ins Büro oder in die Fabrik und kamen abends retour, die Frauen hüteten in aller Regel die Kinder. Über die Jahre schaffte man meist den gesellschaftlichen Aufstieg, richtete sich Wohnung oder Eigenheim ein, klebte geblümelte Tapeten an die Wände und zog schwere, dicke Vorhänge auf. So oder so ähnlich lebten die allermeisten Bürger. Es gab immer auch eine Minderheit, die die »Konformität« und das Spießertum verachtete – Bohemiens, junge Leute, Künstlerexistenzen, Hippies. Es gab die Konformität des Mainstreams – und quer dazu die »Gegenkultur«. Aber über die Jahre änderte sich dieses Bild langsam und fast unmerklich. Die westlichen Gesellschaften wurden bunter und fächerten sich in immer mehr Lebensstil-Gruppen aus, die nebeneinanderher leben. Lebensstil-Gruppen, die jeweils ihre eigene Ästhetik haben, ihre eigenen Lokale und ihre eigene Art, sich ihre Wohnungen einzurichten. Gegenkultur-Gruppen, wie Hippies und Punks, wurden ihrerseits zu »Zielgruppen«, für die der Markt Musik, Kleidung, Accessoirs produzierte. Gesellschaften sind deshalb heute weniger als früher Gemeinwesen von einander relativ ähnlichen Bürgern, sondern Ansammlungen von Minderheiten, die sich kulturell relativ stark voneinander unterscheiden – und oft wenig miteinander zu tun haben. Gar nicht so selten wollen sie auch nichts miteinander zu tun haben.

Aber noch etwas führte zu wachsender Vielfalt oder, wie man in den Sozialwissenschaften sagt, zu »Diversity«: die Einwanderung. Früher waren die meisten Gesellschaften – sieht man von außergewöhnlichen Exempeln wie etwa den USA ab – ethnisch relativ homogen. In Deutschland lebten vorwiegend Deutsche. In Österreich vorwiegend Österreicher. In Frankreich vorwiegend Franzosen. Was es kulturell heißt, ein »Deutscher«, ein »Österreicher« oder ein »Franzose« zu sein, war meist ohne Weiteres klar – man musste darüber nicht viele

Worte verlieren. Ethnische Minderheiten, so sie existierten oder durch Einwanderung entstanden, wurden schnell assimiliert, und sie passten sich der Leitkultur weitgehend an. Sie kochten dann auch »Wiener Küche« oder deutsche »Hausmannskost«, und ihre Urenkel lassen sich, wenn sie auf den Fußballplatz laufen, heute »Poldi« rufen, wenn sie Podolsky heißen. Pizzerias oder Sushi-Lokale gab es keine und Döner-Buden natürlich auch nicht. Aber die verschiedenen Wellen der Migration seit den siebziger Jahren änderten das Bild. Migrantengruppen assimilierten sich nicht mehr auf diese Weise. Manche stabilisierten sogar regelrechte Parallelgesellschaften, blieben unter sich, bauten oft auch eine eigene (Schatten-)Ökonomie auf. Jene Migrantengruppen, die Schwierigkeiten haben, einen Platz für sich in der Gesellschaft zu finden, bildeten Minderheiten, die sich abkapselten. Letztendlich ist aber auch für diejenigen, die keine Integrationsprobleme haben, die kulturelle Totalassimilation kein Ziel mehr. Schließlich haben wir ja alle gelernt, dass Gleichförmigkeit kein Wert ist, Vielfalt dagegen schon. Fixe Identitäten werden nicht mehr als gar so erstrebenswert angesehen. Die »Bindestrich«-Identität geht um und viele empfinden, dass sie diese für angemessener halten: Deutsch-Türke – weder ganz Deutsch noch ganz Türke. Das ist gewiss ganz prima, hat aber auch problematische Nebenfolgen.

Die Migration machte unsere Gesellschaften bunter und weniger einförmig – wenngleich sie auch zu Problemen führte, von denen später noch die Rede sein wird –, sie war also neben dem beschriebenen sozialen Wandel eine zweite mächtige Kraft, relativ homogene Gesellschaften inhomogener zu machen. Auch das setzte das Ideal der Gleichheit und Werte wie Solidarität unter Stress. In den relativ homogenen »Massengesellschaften« der Nachkriegszeit war die »Gleichheit« gewissermaßen ein Wert, der sich von selbst verstand. Die allermeisten Menschen waren mit Menschen konfrontiert und von Menschen umgeben, die mehr oder weniger so ähnlich waren wie sie. Individualismus war ein Ideal, das vielleicht von ein paar versponnenen Künstlern oder Außenseitern propagiert wurde, für die meisten anderen Menschen war es kein Thema (wahrscheinlich hat die Mehrheit der gewöhnlichen Bürger damals nicht einmal gewusst, was das Wort »Individualismus« überhaupt bedeutet). Man soll diesen Sachverhalt nicht unterschätzen, wenn man sich über die Akzeptanz Gedanken macht, die der Aufbau eines Sozialstaates erfordert.

Alle Erfahrung zeigt, dass diese Akzeptanz in relativ homogenen Gesellschaften größer war: Weil die Bürger einfach davon ausgingen, dass sie mit ihren Steuern und Sozialabgaben andere Bürger in Notlagen finanzieren, Leute, die genauso sind wie sie und die im umgekehrten Fall auch für sie zahlen würden. Es war in aller Regel nicht schwer, die Notlagen dieser Bürger zu verstehen und auch zu billigen, dass ihnen auf dem Weg der Umverteilung geholfen wird. In Gesellschaften mit größerer Inhomogenität – oder gar mit einem tief sitzenden Rassismus – stieß der Aufbau wohlfahrtsstaatlicher Institutionen auf mehr Widerstand. Hier hat man seine Vorurteile über die jeweils anderen. So konnte man den weißen Amerikanern leicht einreden, dass mit ihren Steuern Sozialleistungen finanziert werden, die arbeitsscheuen schwarzen Männern oder promisken schwarzen alleinerziehenden Frauen ein lustiges, anstrengungsloses Leben ermöglichen. So konnte man auch in der weißen Arbeiterklasse die Skepsis gegenüber dem Sozialstaat schüren. Kurzum: Korrekturen der materiellen Umverteilung zu Ungunsten der Reichen und zu Gunsten der Armen sind in ethnisch und lebenskulturell inhomogenen Gesellschaften schwerer zu legitimieren, und umgekehrt lässt sich der Widerstand gegen solche Maßnahmen in diesen Gesellschaften leichter anstacheln. »Es gibt viele Indizien dafür, dass Menschen anderen Menschen umso mehr vertrauen, je mehr sie mit ihnen gemeinsam haben. Je gleicher eine Gesellschaft, umso größer das wechselseitige Vertrauen. Das ist nicht nur eine Frage des Einkommens: Wo Menschen ähnliche Leben leben und ähnliche Aussichten haben, ist es umso wahrscheinlicher, dass sie das teilen, was man ihren ›moralischen Standpunkt‹ nennen könnte«, schreibt Tony Judt.[56] Deshalb lautet ein skeptischer Einwand gegen Plädoyers für mehr Gleichheit wie jene von Richard Wilkinson und Kate Pickett: »Gesellschaften können Diversity haben, oder sie können (relative) Gleichheit haben, aber sie können nicht beides haben.«[57]

All das sind bedenkenswerte Argumente, die darauf hinweisen, dass es heute möglicherweise schwieriger ist als beispielsweise in den fünfziger Jahren des vergangenen Jahrhunderts, mehr Gleichheit in Gesellschaften herzustellen. Aber sie besagen nicht, dass das auch gut ist, sondern höchstens, dass man sich heute besonders anstrengen muss, eine gleichere Gesellschaft trotz dieser Hürden aufzubauen.

Migration wirft natürlich neue Probleme für die innere Kohäsion einer Gesellschaft auf. Die ethnische Vielfalt – die Diversity – paart sich auch noch mit materieller Ungleichheit, da viele der Einwanderer zu den gesellschaftlich Unterprivilegierten zählen. Und die Chancenarmut – aber auch die Ablehnung –, die die Kinder der Einwanderer auf Schritt und Tritt erfahren, begünstigt nicht gerade ihre emotionale Bereitschaft, sich als gleichberechtigte Mitglieder einer Gesellschaft zu fühlen. Österreich und Deutschland haben in den vergangenen dreißig Jahren massive Zuwanderung erlebt, haben aber noch immer mentale Vorbehalte dagegen, sich als »Einwanderungsländer« zu fühlen. Zwischen 1989 und 1993 stieg die Zahl der in Österreich lebenden Personen mit ausländischer Staatsangehörigkeit von 387000 auf 690000, was nahezu einer Verdoppelung gleichkommt. Derzeit leben rund 818000 Personen mit ausländischer Staatsangehörigkeit in Österreich. Entsprechend der Volkszählung 2001 waren zu diesem Zeitpunkt 12,5 Prozent der Wohnbevölkerung im Ausland geboren – ein höherer Wert als in dem klassischen Einwandererland USA. Rechnet man die Eingebürgerten und eingebürgerte Kinder hinzu, so haben aktuell rund ein Fünftel der hier lebenden Menschen Migrationshintergrund. In Ballungsräumen, vor allem in Wien, liegt der Anteil deutlich höher. In Wien gehen jüngste Berechnungen von mehr als 30 Prozent Bürgern mit Migrationshintergrund aus.

Die Einwanderer zogen, besonders in den Ballungsräumen, in jene Viertel, in denen einigermaßen preiswerte Wohnungen zu finden waren. Das sind einige der unterprivilegierten Wohngegenden, in denen bisher die traditionelle Wählerschicht der Sozialdemokratie daheim war. In diesen Quartieren sammeln sich auch deshalb die sozialen Probleme, weil jene, die es sich leisten können, wegziehen. So bleiben oft nur die Unterprivilegierten zurück – die sozial schwachen Inländer und die sozial schwachen Zuwanderer. Das schafft Probleme, auch weil die beiden Gruppen zwar durch ihre Unterprivilegiertheit verbunden, aber ansonsten durch viele andere Charakteristika getrennt sind, und zwar nicht nur durch Sprache und Kultur. In den Trabantenstädten etwa sind viele der »alteingesessenen Inländer« in den siebziger Jahren zugezogen, sie sind jetzt also rund sechzig Jahre alt, ihre Kinder sind aus dem

Haus, sie selbst oft in der Rente. Hier ziehen seit wenigen Jahren »Neuösterreicher« – also Menschen mit Migrationshintergrund, aber mit österreichischer Staatsbürgerschaft – ein, sie sind jünger, haben Kinder. Kinder sind laut, Rentner haben's gern leise. Schon der Umstand, dass man unterschiedlichen Generationskohorten angehört, schafft hier Konfliktpotenzial. Dass es wegen der ethnischen Differenz oft gar kein Zusammengehörigkeitsgefühl gibt, lässt Konflikte leicht eskalieren.

Hinzu kommt: Die Kinder der Zuwanderer kommen mit sechs Jahren in die Schule und haben oft aufgrund des Sprachdefizits Startnachteile, die sie ihr ganzes Leben lang nicht mehr aufholen. Wer mit solchen Defiziten ins Leben startet, hat heute oft überhaupt keine Chance mehr, aus seinem Leben etwas zu machen. Schulabbruch oder schlechte Ausbildung sind die nächsten Stationen solcher Karrieren. Und wer schlecht ausgebildet ist, der findet heute noch viel schwerer einen Platz in unserer Gesellschaft als vor dreißig Jahren. Seinerzeit gab es ja noch ausreichend Jobs für Hilfsarbeiter und andere Geringqualifizierte. Heute werden diese Aufgaben von Maschinen erledigt – oder in China oder Indien. Es sind also gerade die Kinder dieser Migranten, die buchstäblich als »geborene Verlierer« ins Leben starten. Sie hängen dann im Viertel rum. Ihre Väter haben oft ihren Job verloren – oder sich krumm gearbeitet am Bau und können nicht mehr arbeiten. Die Jugendlichen haben nie einen Job gehabt und werden oft keinen haben. Man lebt mangels anderer Möglichkeiten von Sozialhilfe. Und wächst auf mit dem Gefühl, in dieser Gesellschaft keine Chance zu haben.

Linksliberale beharren darauf, dass Migration eine Bereicherung ist. Für die Rechten dagegen sind die Ausländer an praktisch jedem Problem schuld. Diese Diskurslage vergiftet das gesellschaftliche Klima und ist zudem auch völlig fruchtlos. »Zunächst«, sagt der holländische Migrationsforscher Paul Scheffer, »muss man sich von der wirklichkeitsfremden These verabschieden, dass Migration eine Bereicherung für alle ist. Die grundlegende Erfahrung vieler ist, dass Migration … ein Verlust ist. Für die Migranten, die eine vertraute Welt verlieren, aber auch für die Mehrheitsgesellschaft, etwa wenn sie sich in ihrem Stadtviertel nicht mehr zu Hause fühlt. Man muss auch über diese Seite des Verlustes reden. Ein Klima der Akzeptanz und Toleranz zu schaffen heißt, dass man die Verunsicherung auf beiden Seiten ernst nimmt. Wir sollten beginnen, über das Unbehagen auf beiden Seiten zu reden.«

Was grundlegend getan werden muss, um auf längere Sicht – in der Perspektive von einer Generation – die Integrationsprobleme zu lösen, ist ohnehin sonnenklar: Es müssen alle Anstrengungen, die denkbar sind, unternommen werden, um die Entstehung einer migrantischen Unterschicht zu vermeiden (beziehungsweise rückgängig zu machen). Dazu gehört: Massive Förderung der Jüngsten. Qualitativ hochstehende Kindergärten. Anreize, damit auch wirklich alle ihre Kinder in solche Kindergärten geben. Es müssen ja nicht immer nur Zwang und negative Sanktionen drohen, es wären ja auch positive Anreize denkbar: Etwa, wer sein Kind mit drei Jahren in den Kindergarten gibt, erhält zehn Euro mehr Kinderbeihilfe pro Monat. Das wäre gerade für sozial Schwache – egal, ob Migranten oder Alteingesessene – Anreiz genug, dass praktisch alle Kinder den Kindergarten besuchen. Innerhalb von wenigen Jahren könnte man so sicherstellen, dass bald kaum mehr ein Kind mit sprachlichen Defiziten eingeschult wird. Weiters: Hochstehende pädagogische Förderungen im Volksschulalter; oder etwa ehrgeizige Benchmarks, den Anteil unter den Kindern von Zuwanderern, die höhere Schulen besuchen, innerhalb einer Legislaturperiode um zehn Prozent zu erhöhen. Denn letztendlich hilft es allen, wenn auch die Unterprivilegierten eine faire Chance auf gesellschaftlichen Aufstieg und Wohlstand haben.

Es soll hier aber auch nicht darüber hinweggesehen werden, dass viele Leute und nicht nur die Propagandisten einer Ellenbogengesellschaft und des Kampfs aller gegen alle Gleichheit nicht wirklich erstrebenswert finden – und auch nicht gerecht. Gleichheit heißt, dass alle Menschen die gleichen Chancen haben und in etwa über die gleiche materielle Wohlfahrt verfügen sollen. Man kann sich nicht darüber streiten, was »Gleichheit« ist, man kann sich nur darüber streiten, ob sie erstrebenswert ist. Auch was »relative Gleichheit« heißt, ist ziemlich leicht zu definieren: Alle sollen faire Chancen haben, und die materiellen Ungleichheiten sollen nicht so krass werden, dass Menschen in einer Gesellschaft, aber quasi auf zwei verschiedenen Planeten leben.

Viel schwieriger ist dagegen zu definieren, was eigentlich »sozial gerecht« bedeutet. Mancher würde möglicherweise finden, ein hoher Grad an staatlicher Umverteilung, der die Ungleichheiten weitgehend nivelliert, sei »gerecht«. Ein anderer würde womöglich scharf dagegen argumentieren und behaupten, gerade das sei »ungerecht«. Schließlich bedeute eine solche Umverteilung ja, dass man den Tüchtigen und Leistungsstarken etwas wegnehmen muss, um damit die Lahmen und Faulen zu alimentieren. Und heute, könnte man sagen, läuft es in unseren Gesellschaften, in Deutschland und Österreich, ganz schlecht: Denn im Grunde genommen haben alle zusammen das Gefühl, dass es nicht mehr gerecht zugeht. Die Unteren fühlen sich übervorteilt, ausgebeutet und chancenlos, und die Oben fühlen sich von der »Krake Staat« abgezockt, und vor allem relative Gutverdiener aus der

Mittelschicht sehen sich an der Grenze der Belastbarkeit. Dennoch können wir als Richtschnur gelten lassen: Die Bürger finden ganz sicher nicht grobe Ungleichheiten »gerecht«, sie empfinden aber auch totale Gleichheit nicht als »gerecht«. Dass Manager pro Stunde 20000 Euro verdienen, also einen Betrag, auf den viele Menschen in einem ganzen Jahr nicht kommen, empfinden sie als »ungerecht«. Aber sie finden es nicht automatisch unfair, wenn jemand, der etwas gelernt hat, der ehrgeizig war und sich im Beruf qualifiziert hat und dann aufgestiegen ist, 200000 Euro im Jahr verdient – also, grob gesprochen, das Zehnfache des Durchschnittsverdieners. Sie empfinden es nicht als fair, wenn Menschen vierzig Stunden oder mehr arbeiten und dann mit Hungerlöhnen von 900 Euro nach Hause gehen. Viele Angehörige der Mittelschicht halten es aber auch für unfair, dass sie harte Arbeit leisten, möglicherweise unter Druck Höchstleistungen erbringen und dann von ihrem Einkommen 53 Prozent an Steuern und Sozialabgaben bezahlen. Gerade in Deutschland und Österreich trägt die Mittelschicht das Gros der staatlichen Ausgaben – sei es für den Sozialstaat, sei es generell für Staatsausgaben von Verwaltung bis Eisenbahn, von Subventionen bis Bankenrettungsprogrammen. Und die kommt unter Druck: Einerseits, weil sich ein breites Segment an Armen und Niedrigverdienern gebildet hat, das praktisch kaum mehr in der Lage ist, Einkommenssteuer zu zahlen – und andererseits, weil Steuergeschenke für Spitzenverdiener und Vermögende zu einer gefährlichen Schieflage geführt haben. Und viele gutverdienende Unternehmen rechnen sich hierzulande arm, allfällige Gewinne fallen zufälligerweise nur mehr in Steuerparadiesen an. Das zumindest kann niemand als gerecht empfinden.

Eine völlige Übereinkunft, die von jedem geteilt wird, über das, was als »sozial gerecht« gilt, werden wir nicht herstellen. Aber sehr wohl ist so etwas wie ein gesellschaftlicher Konsens darüber herstellbar. Ein solcher Konsens ist immer eine Folge von gesellschaftlichen Auseinandersetzungen und ideologischen Kontroversen, aber auch von dem, was man so salopp den Zeitgeist nennt. Wenn Zocker und gerissene Investoren, die mit Phantasiesummen jonglieren, als die Role-Models der »Winner-Typen« angesehen und gefeiert werden, denen alle nacheifern wollen, dann erscheinen plötzlich auch astronomische Einkommen nicht mehr als frivol, sondern im Gegenteil als Ausweis des Erfolgs, den jemand hat. Man feierte die wachsenden Ungleichheiten noch, weil sie ein Indiz für die »Dynamik der Wirtschaft« seien. Aber dass die Reichen immer reicher, die Armen immer ärmer werden und die breite Mittelschicht nichts mehr abbekommt vom Wohlstandszuwachs – das ist kein »Wunder der Marktwirtschaft«, sondern ein moralisches Desaster.

Die vergangenen Jahrzehnte haben uns einen Trend in diese Richtung beschert. Doch solche Trends sind auch umkehrbar. Vorausgesetzt, man hat gute Argumente dafür, warum sie umgekehrt werden sollten. Richard Wilkinson und Kate Pickett haben solche guten Argumente geliefert. Ja, in einem gewissen Sinne rennen sie sogar offene Türen ein. Denn letztendlich haben die allermeisten Bürger schon seit langem das Gefühl, dass »irgendetwas« fundamental falsch läuft – in der Gesellschaft, in der Wirtschaft. Wenn einhundert Banker in einer mittelgroßen österreichischen Bank mehr verdienen als der amtierende Bundeskanzler und tausend (!) Banker mehr als ein Parlamentsabgeordneter, dann läuft etwas entscheidend schief. Wenn ein Bankvorstand wie der Sanierer der maroden deutschen Hypo Reale Estate den Job hinwirft, weil er die Auffassung vertritt, für die vom

Staat beschlossenen Höchstgehälter von 500 000 Euro Jahresgehalt (!) bekomme man keine qualifizierten Leute, dann läuft etwas schief. Wenn, obwohl unsere Gesellschaften als Ganze immer reicher werden, die Ungleichheit, nachdem sie jahrzehntelang zurückgegangen ist, wieder stetig wächst und die Untersten an Wohlfahrt verlieren, dann läuft etwas entscheidend schief. Wenn wir alle unter Statusstress stehen, der uns krank macht, der die sozialen Beziehungen zerreißt, das wechselseitige Vertrauen der Bürger untergräbt und Aggression und Rücksichtslosigkeit produziert, dann läuft etwas entscheidend schief. Wenn wir einen Grad an Ungleichheiten zu akzeptieren gelernt haben, der ganze Bevölkerungsgruppen zu geborenen Verlierern macht, dann läuft etwas entscheidend schief. Und unter alldem leiden nahezu alle.

Vielen Menschen hat man in den letzten Jahren eine derartige Aversion gegen das Ideal der gesellschaftlichen Gleichheit eingeimpft, dass sie schon bei den gemäßigten Forderungen nach mehr Gleichheit abwinken: Das sei doch naiver Kommunismus, das könne doch nicht funktionieren. Aber es geht hier nicht um irgendwelche Phantasiegesellschaften, in denen alle Menschen gleich sind, gleich aussehen, die gleichen Schuhe tragen, die gleichen Einkommen haben und in den gleichen Häusern leben. Die Gesellschaften, die Wilkinson und Pickett ihre Datensätze lieferten, sind schließlich auch reale Gesellschaften, in denen es eben mehr oder weniger gesellschaftliche Ungleichheiten gibt. Die skandinavischen Länder sind gleicher als Großbritannien oder die USA, sie sind wirtschaftlich wettbewerbsfähig und funktionieren auch als Gesellschaften besser – aber alle diese Gesellschaften sind kapitalistische Marktwirtschaften. Es braucht gar keine radikale Systemalternative, um mehr soziale Gerechtigkeit und funktionstüchtigere Gesellschaften zu etablieren. Die reale Welt liefert uns die verschiedenen Entwicklungswege oder, wie man heute so gern sagt: die »Best-Practice«-Modelle. »It doesn't take a revolution« – »Es braucht keine Revolution«, formulieren Wilkinson und Pickett pointiert.[58] »Wir brauchen keinen revolutionären Umsturz; was wir brauchen, ist ein kontinuierlicher Fluss kleiner Veränderungen in einer konsistenten Richtung ... Und unser Ziel ist: Die Gesellschaft sozialer machen.«[59]

Wir können die reale Welt verbessern. Indem wir mit mehr Entschiedenheit, Selbstbewusstsein und innerer Überzeugung unterstreichen, dass egalitärere Gesellschaften einfach die besseren Gesellschaften sind. Indem wir uns für eine gerechtere Verteilung der Primäreinkommen einsetzen, also des Einkommens, das die Menschen vor Abzug an Steuern und ohne Sozialtransfers in ihren Unternehmen verdienen. Indem wir ein Steuersystem etablieren, das transparent ist, das jeden nach seinen Fähigkeiten belastet und eine Umverteilung bewirkt, die allgemein als gerecht anerkannt wird. Indem wir die Instrumente des Wohlfahrtsstaates intelligent konstruieren, sodass sie nicht bloß die Armen alimentieren, sondern tatsächlich zu einer gerechteren Verteilung von Lebenschancen beitragen.

Heute sind die meisten westlichen Länder weit davon entfernt, solchen Zielsetzungen gerecht zu werden. Wir haben gesehen, wie ungleich Einkommen und Vermögen verteilt sind – und dass diese Ungleichheitsschere immer mehr aufgeht. Die Einnahmen aus Einkommenssteuern, die aufgrund der Progression die Besserverdienenden tendenziell mehr belasten als die Schlechterverdienenden, sinken – immer mehr Steuern werden über direkte Steuern wie die Mehrwertsteuer eingenommen, die die Schwächeren relativ stärker belasten als die Wohlhabenden. Und Vermögenssteuern sind nach und nach gesenkt worden.

Während ein etwas gehobener Durchschnittsverdiener rund 50 Prozent an Steuern und Abgaben bezahlt, werden Kapitalerträge in Österreich beispielsweise mit nur 25 Prozent besteuert, Gewinne aus Aktienbesitz mit exakt null Prozent! Auch Erbschaftssteuer gibt es in Österreich keine mehr – dabei ist sie die einzige Steuer, die wirklich nachhaltig eine immer stärkere Konzentration großer Vermögen in den Händen von immer weniger Bürgern korrigieren kann. Und dieser Prozess der Umverteilung von unten nach oben wird, wenn wir nichts daran ändern, auf Grund der Finanzkrise verschärft weitergehen. Denn die wurde zu einem doppelten Geschäft für die Vermögenden, wie die Wirtschaftsjournalistin Ulrike Hermann schreibt: »Zum einen hat der Staat ihr Vermögen gerettet, indem er die Banken gestützt und Konjunkturpakete angeschoben hat. Zum anderen musste der Staat dafür Schulden aufnehmen – und diese Kredite werden ihm wiederum vor allem von den Eliten gewährt (weil es mehrheitlich die Vermögenden sind, die staatliche Wertpapiere kaufen – Anm. RM), die dafür Zinsen verlangen. Die Besitzenden lassen sich also auch noch bezahlen, dass ihr Vermögen gesichert wurde.«[60] Kurzum: Sie verdienen an der Rettung ihrer Vermögenswerte noch mit, und die normalen Bürger müssen das bezahlen. Manche Banken, so die Deutsche Bank, prahlen schon wieder mit astronomischen Gewinnen und verschenken Millionen an Boni an Broker und Manager, und auch dies ist oft eine groteske Folge der staatlichen Rettungsprogramme. Denn die Staaten müssen sich verschulden – und das tun sie, indem sie am Finanzmarkt Staatsanleihen verkaufen. Und die werden nicht vom Portier des Finanzministeriums verkauft, sondern – Bingo! – von Banken, die dafür satte Gebühren kassieren. Solche »Sozialhilfe für Reiche« bringt den Ökonomen Joseph Stiglitz zu folgendem Schluss: »Dies ist eine der größten Umverteilungen von Vermögen innerhalb so kurzer Zeit, die es jemals in der Geschichte gab.«[61]

Es ist möglich, eine Gesellschaft gleicher zu machen, sie wird dann für alle Bürger eine lebenswertere Gesellschaft. Das ist zudem mit dem Funktionieren einer kapitalistischen Marktwirtschaft vereinbar – und macht diese sogar stabiler. Aber man braucht dafür Mut und darf die Wut der Eliten nicht scheuen, die sich gewiss zunächst gegen den Verlust ihrer Privilegien stemmen werden. Dass all das möglich ist, hat Franklin D. Roosevelt, der legendäre Präsident der USA, gezeigt. Er hat in den 1930er Jahren den Spitzensteuersatz für sehr hohe Einkommen auf 79 Prozent angehoben – später stieg er sogar auf 91 Prozent. Die Erbschaftssteuer erreichte zeitweise einen Spitzenwert von 77 Prozent – wohlgemerkt, in den USA, die allgemein nicht als das Mutterland des Kommunismus gelten. In den dreißig Jahren, die durch diese Politik geprägt waren, sind die sozialen Unterschiede tatsächlich nach und nach nivelliert worden. Selbstverständlich nicht vollkommen – es gab immer noch »Reiche«, und die waren mit dem, was sie hatten, zufrieden. Der Kapitalismus funktionierte problemlos – auch ohne Phantasieeinkommen als »Anreiz« für Unternehmer und Investoren.

Man kann also auch moderne Marktwirtschaften sozial gerechter und lebenswerter machen, wenn man nur mit Elan ein Ziel verfolgt und es vermag, die Menschen für ein progressives Reformprogramm zu gewinnen. Die Kleingeister sagen: Das geht nicht. Die Realisten wissen: Doch, das geht.

3. Links sein heisst modern sein

Wie Sozialdemokraten und die anderen Parteien der demokratischen Linken wieder auf Erfolgskurs kommen können.

An einem wunderschönen Wochenende im Herbst 2009 fuhr ich in das idyllische Städtchen Hallstatt im Salzkammergut in Oberösterreich, wo kritische Köpfe aus dem Umfeld der Sozialdemokratie seit einiger Zeit jährlich Kongresse organisieren. Mehrere hundert hauptsächlich junge Leute diskutierten in konzentrierter Atmosphäre Konzepte für eine Verbesserung unserer Gesellschaft. Die meisten der Teilnehmer hatten natürlich mit der Sozialdemokratie nichts zu tun – sie waren entweder aufgeweckte, kritische Studenten oder Gewerkschafter, Publizisten, Aktivisten von NGOs wie Attac. Der Zufall wollte es, dass, während wir in Hallstatt diskutierten (und abends auch ein wenig feierten), in Wien eine Handvoll Studentinnen und Studenten das Auditorium maximum der Universität besetzten. Das machte zunächst nicht sonderlich viel Eindruck, und ich beobachtete das Geschehen vom fernen Hallstatt aus erst einmal mit gelassener, doch eher desinteressierter Solidarität – schließlich kommt so etwas ja häufiger vor. Als wir wieder nach Wien kamen, standen die österreichischen Universitäten praktisch schon in Flammen. »Unibrennt«, der Slogan der Protestierenden, verbreitete sich in Windeseile, sodass bald nicht nur in allen österreichischen Universitäten die wichtigsten Hörsäle okkupiert waren, auch in Deutschland begannen Studierende ihre Lehrsäle zu besetzen. Ja, sogar bis nach Frankreich und in die USA breitete sich der

Funke aus. In Wien versammelten sich täglich Tausende junge Leute im Audimax. Letztendlich wendeten sich die Protestierenden gegen die Verschulung des Studiums, gegen das finanzielle Aushungern der Bildungsinstitutionen, aber auch in viel fundamentalerer Hinsicht gegen eine Politik, die nur noch langweilig verwaltet, die wichtigsten Probleme unserer Zeit praktisch nicht mehr thematisiert und keine größeren Ziele mehr anzubieten hat.

Dieses Unbehagen begegnet mir auf Schritt und Tritt auf meinen Vortrags- und Lesereisen durch österreichische und deutsche Städte. Und es ist längst nicht auf kritische Intellektuellen-, Studenten- oder Künstlermilieus beschränkt. Selbst in kleinen Dörfern in der Provinz ist es anzutreffen. Als ich im Frühjahr 2010 ins kleine Regau – einen Ort auf halber Strecke zwischen Linz und Salzburg – eingeladen war, drängten sich im Pfarrsaal 200 Leute. So ziemlich alle bewegten dieselben Fragen: Was kann man tun gegen die Durchökonomisierung aller Lebensbereiche? Warum zählt nur mehr das Geld? Wie kann es sein, dass Gangster und Bankster unsere Gesellschaften so fest im Griff haben? Wieso gibt es keine politischen Kräfte, die dagegenhalten können?

Es gibt also viele Tausende, Zehntausende Menschen, die die Schieflage »der Politik« beklagen, sich vielleicht in der einen oder anderen NGO engagieren, sich möglicherweise auch die Haare raufen, dass die Sozialdemokraten so unfähig, die Grünen so lahm sind oder sich keine sonstigen Alternativen auftun. Aber für die allermeisten dieser Menschen gilt auch: Sie würden nie auf die Idee kommen, in irgendeiner dieser Parteien aktiv zu werden, um vielleicht etwas daran zu ändern. Das erscheint ihnen aussichtslos und uncool zugleich. Mit etwas so Fadem wie der Politik wollen sie nicht in Berührung kommen. Und man kann ihnen das nicht einmal verdenken. Schließlich sind die – ohnehin immer weniger werdenden – Bürger, die sich in diesen Parteien engagieren, ähnlich frustriert. Wie tief dieser Frust sitzt, ahnte ich längst – als ich aber auf Einladung der Sozialdemokratie des Bundeslandes Oberösterreich als Gastredner auf ihrem Parteitag sprach, machte ich eine überraschende Erfahrung. Davor hatte ich ein paar kritische Videoblogs über den Zustand der SPÖ gemacht, was mich in den Augen der Parteiführung offenbar qualifizierte, den Genossinnen und Genossen einige schonungslose Wahrheiten ins Gesicht zu sagen. Diese Einladung war an sich bereits etwas Außergewöhnliches, bisher nicht Dagewesenes, deshalb sagte ich mit einer ziemlichen Prise Ironie zur Einleitung: »Dass Sie mich eingeladen haben, ist ein gutes und ein schlechtes Zeichen zugleich. Das gute Zeichen: Sie haben erkannt, dass man vielleicht mal den kritischen Stimmen zuhören sollte. Das schlechte Zeichen ist: Es muss Ihnen schon sehr schlechtgehen, wenn Sie das tun.« Nun, wenigstens ihren Humor hatten die Sozialdemokraten, die gerade eine historische Wahlniederlage eingefahren hatten, nicht verloren, sie brachen nämlich in schallendes Gelächter aus. Als ich mich auf meine Rede vorbereitete, hatte ich mir folgendes Konzept ausgedacht: Ich wollte in der ersten Hälfte den SP-Parteiführern ins Gesicht sagen, was sie alles falsch machen, und ihnen dann in der zweiten Hälfte ein bisschen optimistisch nahebringen, dass man das doch ganz leicht besser machen könne. Kurz gesagt: In der ersten Hälfte schimpfen, in der zweiten Mut zusprechen. Naturgemäß ging ich davon aus, dass die meisten Leute meine Kritik nicht wirklich teilen würden, ja, dass sie die Grobheit, mit der ich gewillt war, sie vorzutragen, als Ärgernis, wenn nicht sogar als Anmaßung empfinden würden. In meiner Phantasie ging ich also davon aus, dass ich die erste Hälfte meiner Rede überstehen müsste, ohne von der Bühne gebuht oder mit Tomaten beworfen zu werden – dann würde ich in der zweiten Hälfte die Herzen der Leute schon wieder für mich gewinnen. Aber es kam ganz anders.

Ich begann den ernsthaften Teil meiner Philippika wie folgt: »Wann immer es eine Wahlniederlage setzt – und zeitweise setzt es die im Wochentakt –, ist dann von den sozialdemokratischen Spitzenpolitikern zu hören: Es ist uns offenbar nicht gelungen, unsere Erfolge ausreichend zu kommunizieren. Sozusagen: Wir machen eh alles richtig, wir kommunizieren es nur falsch. Erlaubt mir hier ein paar bittere, ehrliche Wahrheiten, Klartext, und deshalb möchte ich fragen: Wir machen alles richtig, wir kommunizieren es nur falsch. Meint Ihr das eigentlich ernst? Ich hoffe nicht. Ich bin mir eigentlich sogar sicher, dass ihr das nicht ernst meint, wenn ihr das sagt. Aber damit beginnt schon das Problem, ja, man kann das ein Kommunikationsproblem nennen. Dass man Dinge sagt, die man eigentlich nicht meint. Dass man etwas behauptet wider besseres Wissen. Das merken die Leute nämlich. Sie denken sich dann: Die reden ja völlig sinnfreies Zeug! Vielleicht hat es euch ja noch niemand gesagt, weil die Leute zu höflich sind und es nur hinter eurem Rücken sagen: Aber diese Phrasen, die halten die Leute einfach nicht mehr aus.«

Entgegen meiner Erwartung brach der Saal in Ovationen aus, und das ging so weiter während meiner »Bittere-Wahrheiten«-Passagen. Noch erstaunlicher war, dass in der zweiten Hälfte meiner Rede die Emotionen abflachten. Kurzum: Die Sozialdemokraten freuten sich, dass einmal von einer Parteitagsbühne herab gesagt wird, dass die Sozialdemokraten alles falsch machen – weil etwa 99 Prozent der Sozialdemokraten auch genau diesen Eindruck haben.

Die Sozialdemokratie ist – in Österreich, in Deutschland, aber auch ganz generell in Europa – in einem erbarmungswürdigen Zustand. Und das ist für Progressive aller Couleur ein Problem, nicht nur für Sozialdemokraten. Um es ganz offen zu sagen: Politik wird natürlich nicht nur in Parteien und Parlamenten gemacht. Man kann viel dazu beitragen, dass sich ein Land, die Welt, die öffentliche Meinung in eine bessere Richtung entwickeln, ohne in Parteien aktiv zu sein. Etwa indem man sich in außerparlamentarischen Aktivistengruppen engagiert, in der globalisierungskritischen Bewegung, indem man sich für die Rechte von Minderheiten einsetzt, in der Umweltbewegung aktiv ist oder indem man – wie ich es etwa versuche – Artikel und Bücher schreibt und damit der neoliberalen und neokonservativen Propaganda etwas entgegensetzt. Also, Parteien sind nicht der Nabel der Welt. Andererseits wird man in einer parlamentarischen Demokratie nur schwer etwas nachhaltig bewegen, wenn es nicht progressive Parteien gibt, die sich dafür einsetzen, schlechte Gesetze durch gute Gesetze zu ersetzen – und konservative oder neoliberale Regierungen durch progressive Regierungen. Und noch etwas: Auch die Sozialdemokratie ist nicht der Nabel der Welt. In den USA wird das linksliberale Lager seit jeher von der Demokratischen Partei repräsentiert, und in den kontinentaleuropäischen Ländern mit Verhältniswahlrecht gibt es nahezu überall progressive Alternativen zur Sozialdemokratie. Da und dort Linksparteien – wie etwa in Deutschland oder Schweden –, fast überall die »Grünen«, gelegentlich auch fortschrittliche liberale Parteien oder sozialreformerische Christdemokratien. Ich beispielsweise hege letztendlich nicht wirklich »speziellere« Sympathie für die Sozialdemokratien als für die »Grünen« oder in Deutschland etwa für die Partei »Die Linke«. Im Einzelfall mag ich meine Favoriten haben, im Grunde genommen ist es mir jedoch egal, welche Partei Mehrheiten für eine progressive Politik gewinnt – Hauptsache, dass es irgendeine schafft. Freilich: diese progressiven Alternativen zur Sozialdemokratie können bei Wahlen einmal besser, einmal schlechter abschneiden, aber nur selten erreichen sie mehr als 12 oder 15 Prozent der Stimmen. Das heißt aber auch: Sie können ihre politische Agenda nur in Koalitionen durchsetzen. Auch Anhänger eher linkerer Linksparteien sind letztendlich darauf angewiesen, dass die Sozialdemokraten wieder Tritt fassen. Denn diese sind nun einmal als traditionelle Volkspartei der linken Mitte jene Kraft, von der es abhängt, ob das progressive Lager strategische Mehrheiten erringen kann. Wenn die Sozialdemokraten versagen, werden auch Grüne oder Linksparteien auf die Dauer nicht froh. Dann können sie zwar Wahlerfolge erzielen (bisweilen sogar eindrucksvollere, weil sie Stimmen enttäuschter SP-Wähler erhalten), aber sie werden nur einen geringen Einfluss darauf haben, wohin sich ihr Land entwickelt.

Deswegen geht jeden Progressiven und jede Progressive das Geschick der Sozialdemokratie letztendlich etwas an – mögen sie sich bisweilen auch noch so sehr über die Sozialdemokratie ärgern.

Die Gegenwart der Sozialdemokratie sieht zappenduster aus. 23 Prozent erreichte die deutsche SPD bei den Bundestagswahlen 2009 – ein Minus von 11,2 Prozent im Vergleich zu den Wahlen des Jahres 2005. Bei den Europawahlen im Sommer davor setzte es auch für die österreichische Sozialdemokratie ein historisches Debakel. 23,7 Prozent stimmten für die Partei, rechnet man die niedrige Wahlbeteiligung ein, gaben nur einer von zehn Österreichern seine Stimme der SPÖ. In Frankreich erreichte die Sozialistische Partei bei den Wahlen zur Nationalversammlung 2007 28 Prozent der Stimmen, während die konservative

UMP-Partei 40 Prozent einfuhr. In den Niederlanden rangierte die traditionsreiche Partij van de Arbeid zeitweise in Umfragen bei 14 Prozent und konnte sich bei den jüngsten Parlamentswahlen nur mit Hilfe einer Aufholjagd über die 20-Prozent-Marke retten. Die britische Labour Party geriet im Frühjahr 2010 beinahe in Feierlaune, weil ihre Abwahl nicht ganz so desaströs ausgefallen war, wie viele befürchtet hatten. Vielleicht noch alarmierender als die nackten Zahlen ist die Altersstruktur der Wähler der Sozialdemokratien: Oft sind sie nur unter den Rentnern stärkste Partei. So lautet ein ironisches Bonmot, das man sich mit viel Galgenhumor erzählt: »Die schlechte Nachricht lautet: Wir sterben aus. Die gute Nachricht: Wegen der wachsenden Lebenserwartung der Menschen dauert es noch eine Zeit.« Zu Beginn der neunziger Jahre hatte die SPD 900000 Mitglieder. Seither hat sie mehr als 400000 Parteimitglieder verloren. Und all das hat neben anderen Faktoren primär einen Grund: Die Bürger wissen nicht mehr, wofür die Sozialdemokraten stehen. Weil die oft selbst nicht mehr wissen, wofür sie stehen sollen.

Dabei hat die Sozialdemokratie eine große Vergangenheit, und wenn man der Frage nachgeht, wie man auch heute noch die Welt zu einem besseren Ort machen kann, dann lohnt es sich, einen kurzen Blick auf diese Vergangenheit zu werfen. Hervorgegangen war die Sozialdemokratie aus der Arbeiterbewegung des 19. Jahrhunderts, die nach einer Reihe von Verpuppungen und Entpuppungen fest in der Tradition des marxistischen Denkens stand. Die sozialistischen Parteiführer, Denker und Aktivisten waren der festen Überzeugung, dass der Kapitalismus zwar eine fortschrittliche Produktionsweise ist, die den materiellen Reichtum der Welt dramatisch vermehrt, aber um den Preis eklatanter Ungleichheiten – und dass dieser Kapitalismus selbst zur Fessel der weiteren Menschheitsentwicklung geworden ist. Deshalb sei er nur ein Durchgangsstadium zu einer besseren, egalitären, guten Gesellschaft – dem Sozialismus. Die kapitalistische Ordnung werde zusammenbrechen oder müsse – darüber herrschte nicht vollständige Einigkeit – in einer Revolution gestürzt werden, danach würde eine blühende sozialistische Gesellschaft aufgebaut.

Dies war, sehr knapp formuliert, das weltanschauliche Fundament der sozialistischen Bewegungen. Mindestens so wichtig aber war, was die Sozialisten währenddessen machten, da sie ja nicht einfach passiv auf die Revolution warteten: Sie gründeten Gewerkschaften und Parteien, die mehr und mehr zu Massenparteien wurden, organisierten ihre Mitglieder in einer Vielzahl von parteinahen Vereinen, boten ihnen Ausbildungsprogramme an, sie gründeten eigene Zeitungen, Konsumgenossenschaften und sogar Banken. Sie schufen so etwas wie eine geistige und lebenskulturelle Gegenwelt, in der sich die Unterprivilegierten zu Hause fühlen konnten, wo sie sich mit ihresgleichen zusammentaten und sich mit anderen gemeinsam für ihre Interessen einsetzen konnten. Damit wurde die Gesellschaftsordnung, die man eigentlich bekämpfte, oft auch ein Stück weit besser gemacht. Die erste massive Spaltung dieser Bewegung wurde anfangs des 20. Jahrhunderts sichtbar und führte in den letzten Jahren des Ersten Weltkrieges zur Weggabelung in Sozialisten und Kommunisten. Die Sozialisten waren zwar weitgehend immer noch der Meinung, dass der Kapitalismus durch den Sozialismus ersetzt werden sollte, glaubten aber, dafür wäre möglicherweise gar keine Revolution nötig – schließlich könne man ja auch auf friedlichem, demokratischem Weg die Macht übernehmen und dann ein schrittweises »Hinüberwachsen« in eine neue Gesellschaft organisieren. Schließlich waren es ja an vorderster Front die Arbeiterparteien, die das allgemeine, gleiche Wahlrecht durchgesetzt hatten und nach dem Sturz der Monarchien demokratische Republiken errichteten – und von Wahl zu Wahl stieg ihr Stimmenanteil. Die Kommunisten dagegen betrachteten solche neuen Ideen als reformistische Flausen feiger, satt gewordener Parteiführer, die keine Revolution mehr mochten, weil sie selbst schon an den Privilegientöpfen Platz genommen hätten. Sie hielten am Konzept der gewaltsamen Revolution fest und wollten nach dem Umsturz eine »Diktatur des Proletariats« errichten. Die sollte zwar nur Diktatur heißen und in Wirklichkeit eine basisdemokratische Herrschaft der einfachen Leute sein – in der Praxis sah das dann eine Spur anders aus.

Aber es gab nicht nur die Spaltung in Kommunisten und Sozialisten, auch innerhalb des Lagers der Sozialisten zeigten sich Risse. Auf der einen Seite standen diejenigen, die fest am Ziel der sozialistischen Gesellschaft festhalten wollten. Auf der anderen Seite jene, die argumentierten, es sei nicht so wichtig, ob es irgendwann eine »ganz andere« Gesellschaft gäbe, die auch »anders« hieße – wichtig sei, die Lebensbedingungen der Menschen zu verbessern. Wenn sich innerhalb der kapitalistischen Gesellschaft demokratische Gleichberechtigung und Wohlfahrt für alle realisieren ließen, wäre das auch gut.

Kenner dieser Kontroversen werden über einen solch knappen Abriss auf zwei Buchseiten sicherlich die Nase rümpfen – schließlich haben im Verlauf der hitzigen Debatten, die über diese Fragen geführt wurden, welthistorische Figuren wie Karl Kautsky, Wladimir Iljitsch Lenin, Rosa Luxemburg, Rudolf Hilferding, Eduard Bernstein, Leo Trotzki, Otto Bauer und viele, viele andere ganze Bibliotheken vollgeschrieben. Doch im Grunde waren das die drei ideologischen Stränge, die sich nach und nach herauskristallisierten und deren Anhängerschaft im Laufe der

Jahrzehnte mal stärker, mal schwächer wurde. Als dann in den dreißiger Jahren der globale Kapitalismus in die »Große Depression« rutschte, spätestens aber mit dem Ende des Zweiten Weltkrieges und dem Beginn der Nachkriegsjahre hatte die sozialreformerische Strömung innerhalb der westlichen Linken endgültig die Vormacht übernommen. Für eine Revolution erwärmten sich nur mehr Minderheiten, und das »Endziel« einer sozialistischen Gesellschaft wurde höchstens noch in Sonntagsreden beschworen. Die Sozialdemokraten wollten den Kapitalismus nicht mehr abschaffen, sondern zähmen und zu einem Sozialstaat umbauen, der möglichst allen einen fairen Anteil an Chancen und Wohlfahrt garantieren sowie ungerechtfertigte Privilegien und vor allem die Machtkonzentration des »Big Business« brechen sollte.

Schon in den dreißiger Jahren gelang es den schwedischen Sozialdemokraten, ihr »schwedisches Modell« zu etablieren. Sie »haben die Grundlage für das gelegt, was zum modernen westeuropäischen Konzept der Sozialdemokratie nach dem Zweiten Weltkrieg werden sollte: ein Kompromiss zwischen Arbeit und Kapital, mit Wohlfahrtsstaat und Vollbeschäftigung«, formuliert Donald Sassoon in seinem monumentalen Werk über »einhundert Jahre Sozialismus«.[62] Das Konzept der »Folkhemmet« – »Volksheimat« –, das unter dem legendären Premierminister Per Albin Hanson entwickelt wurde, geriet zu so etwas wie einer Blaupause für wohlfahrtsstaatliche Reformen. Noch zu Beginn des 20. Jahrhunderts war Schweden eines der ärmsten Länder Europas, aber dank der sozialdemokratischen Reformen wurde es bald zu einer der effizientesten Ökonomien und einem der wohlhabendsten Länder der Welt. Auch in Großbritannien und später in den vom Krieg verwüsteten Ländern Westeuropas wurden sozialstaatliche Reformen durchgeführt. In Großbritannien schlug der Report des liberalen Politikers William Henry Beveridge umfassende sozialstaatliche Reformen vor – die danach von einer Regierung der sozialdemokratischen Labour Party umgesetzt wurden. Und schließlich hatten die USA mit Franklin D. Roosevelt einen linksliberalen Präsidenten, der mit seinem »New Deal« das Land aus der schweren Krise holen wollte – dazu gehörten staatliche Wirtschaftsprogramme, der Aufbau eines Sozialsystems, Stärkung der Gewerkschaften. Roosevelt, der selbst einer der begütertsten und vornehmsten Familien New Yorks entstammte, wurde regelrecht gehasst von den Unternehmereliten des Landes, weil er eine Wirtschafts- und Sozialpolitik betrieb, die zu harter Umverteilung von oben nach unten führte, den Privilegierten den Kampf ansagte und die Unterprivilegierten stärkte.

Den Parteien der gemäßigten Linken – den Demokraten in den USA, den Sozialdemokraten in Westeuropa – kam freilich auch der historische »Glücksfall« zugute, dass die Mittelklassen selbst gesehen hatten, was ein Laissez-faire-Kapitalismus anrichten kann: Er hatte die Welt in eine desaströse Wirtschaftskrise und Millionen Menschen ins Elend gestürzt, was zum Aufstieg autoritärer Regimes bis hin zur Naziherrschaft in Deutschland und mit zum Zweiten Weltkrieg beitrug. Die Ideologie des freien Marktes war nachhaltig delegitimiert, und mit der Lehre des liberalen britischen Ökonomen John Maynard Keynes gab es auch so etwas wie eine Vorlage für ein nachhaltiges »Management« des Kapitalismus, das allen Ton auf die Stabilisierung der Einkommen der breiten Bevölkerungsmasse, die Umverteilung krasser Ungleichheiten, staatliche Intervention in die Wirtschaft und strikte Regeln etwa für die Finanzindustrie legte – ein Programm, das zu dieser Zeit auch Liberale und Christdemokraten unterschreiben konnten. Auf der anderen Seite wurden die

Sozialdemokraten mit der Einführung des Wohlfahrtsstaates selbst »wirtschaftsfreundlicher«, ja, für sie tat sich plötzlich ein Paradoxon auf: »Damit der Staat genug Geld hatte, um die Kosten für die Wohlfahrt zu bestreiten, war es unumgänglich, dass die Marktwirtschaft so effizient wie möglich funktionierte; um eine ›sozialistische‹ Politik zu betreiben, musste man also ›pro-kapitalistisch‹ sein.« (Donald Sassoon) Soll heißen: Damit der Wohlfahrtsstaat finanzierbar blieb, mussten die Unternehmen sehr gut funktionieren. Noch so ein Paradoxon: Auf diese Weise wurde der Kapitalismus vor den Gefahren beschützt, die von »freien Märkten« ausgehen – also gewissermaßen vor sich selbst.

Es entstand eine gemischte Wirtschaft, in der staatliche Wirtschaftstätigkeit und privatwirtschaftliche Sektoren kooperierten – wobei das konkrete Arrangement von Land zu Land unterschiedlich war. Die großen Banken waren in vielen Ländern nationalisiert, darüber hinaus hatte Verstaatlichung nur in wenigen Volkswirtschaften eine Priorität – vor allem galt das für Frankreich und Österreich. Schweden beispielsweise hatte trotz seines sozialdemokratischen Konsenses praktisch kaum verstaatlichte Industrien, dafür aber am Weltmarkt höchst konkurrenzfähige private Konzerne – etwa weltbekannte Automarken wie Volvo oder Saab. Allein die Grundstoffindustrie – Stahlproduktion, Bergbau – wurde in vielen Ländern, so auch in Großbritannien oder Deutschland, unter Staatsregie gestellt. Aber das war ideologisch unumstritten: Es ging schlichtweg niemand davon aus, dass es privaten Investoren gelingen könnte, diese Industrien zu modernisieren. Dasselbe galt für öffentliche Dienstleistungen wie Energieversorgung, Telekommunikation oder die Eisenbahnen – allesamt öffentliche Güter, die hohe Investitionskosten verlangten und gleichzeitig zu niedrigen Preisen geliefert werden sollten, was es kaum möglich machte, sie profitabel zu betreiben. Indem der Staat sie bereitstellte, subventionierte er auch die privaten Firmen, die etwa Energie zu niedrigen Preisen geliefert bekamen und nicht zuletzt deshalb am Weltmarkt konkurrenzfähig sein konnten.

Mit alldem ging eine Stärkung der Gewerkschaften einher, deren institutionelle Macht wuchs. Paradoxerweise haben sie diese Macht dort, wo sie am stärksten war, am verantwortlichsten eingesetzt – einfach weil sie in aller Regel nicht mehr mit Streiks ihre Muskeln spielen lassen mussten, sie konnten einen fairen Anteil am Wohlstand auch am Verhandlungstisch durchsetzen. Gerade in Ländern wie Österreich und Deutschland gab es einen gesellschaftlichen Konsens, dass die Vermögenszuwächse fair verteilt werden sollten – was in etwa auf die gängige Praxis hinauslief, dass die Löhne stetig entsprechend dem Produktivitätswachstum steigen sollten. Solche gemäßigten Einkommenszuwächse garantierten den einfachen Leuten, dass es stetig aufwärtsgeht, und den Unternehmen, dass sie nicht durch übertriebene Kostenschübe an Konkurrenzfähigkeit verlieren. Gleichzeitig wurden die Arbeitnehmervertreter oft am Management der Unternehmen beteiligt, etwa durch die Mitbestimmung in Deutschland und, etwas schwächer ausgeprägt, in Österreich. Dies führte, gewissermaßen als Nebenfolge, dazu, dass nicht mehr nur die alten Eliten Kompetenz in der Führung von Firmen besaßen, sondern auch Aufsteiger aus der Arbeiterklasse »Wirtschaftskompetenz« erwarben und neben den alten »Netzwerken der Macht« auch Gegennetzwerke der Sozialdemokratie entstanden.

Ab Mitte der sechziger Jahre herrschte praktisch Vollbeschäftigung, die schlimmsten Auswüchse des Kapitalismus waren gezähmt – sodass sich kaum mehr jemand fand, der »gegen« diesen Kapitalismus war. »Der Triumph des Kapitalismus, les trentes glorieuses – die dreißig goldenen Jahre des Kapitalismus – war in der Wirklichkeit der Triumph des regulierten Kapitalismus.«[63] Mit der ökonomischen Modernisierung hatte die kulturelle und politische Modernisierung freilich nicht überall mitgehalten. Die Wohlstandsgewinne der Arbeiterklasse waren etwa vor allem Wohlstandsgewinne für arbeitende Männer – die Frauen hatten mehrheitlich immer noch ihr primäres Betätigungsfeld in Küche und Kinderzimmer. Wenn sich Minister und Regierungschefs den Medien stellten, waren das immer noch eher Audienzen als Interviews. Professoren, Ärzte, Spitzenbeamte waren Götter, denen niemand zu widersprechen wagte. So machten sich die Sozialdemokraten – in ihrer bislang letzten glorreichen Reformperiode – zum Agenten der demokratischen Modernisierung, versprachen die »Durchflutung aller Lebensbereiche mit Demokratie« (Bruno Kreisky) oder proklamierten, ab nun gelte »mehr Demokratie wagen« (Willy Brandt). Ein bisschen getrieben vom gesellschaftlichen Aufbruchsklima der sechziger Jahre – von Hippies, Rock, von Studenten- und Frauenbewegung –, setzten sie Modernisierungsschritte, die manchen schon als zu zaghaft erschienen. Kurzum: In den sechziger Jahren hieß links sein modern sein.

Und es kam tatsächlich etwas in Bewegung. Die Sozialdemokraten hatten »ihre« Länder verbessert, damit aber auch sich selbst verändert. Sie waren oft zu den eigentlichen Staatsparteien geworden – schließlich hatten sie die Staaten ja nachhaltig geprägt. Wer etwas zu kritisieren hatte an diesen Staaten, war in den Augen der sozialdemokratischen Parteiführer kein potenzieller Mitstreiter und kritischer Kopf mehr, sondern bestenfalls ein keppelnder Querkopf, der ihnen ihre Erfolge »madig« machte

– wenn nicht gar ein Gegner. Sie wurden, erst unmerkbar, ein ganz klein wenig konservativer. Ihre Allianz mit dem Fortschritt zerbrach. Kritische junge Leute wollten mit der alten Tante SPÖ, der alten Tante SPD nicht mehr viel zu tun haben. Und dann geschah etwas noch viel Fataleres – nicht schleichend, sondern mit einem großen Knall: der keynesianische Nachkriegskonsens zerbrach. Vor allem in den USA, aber auch in Großbritannien hatten ultrakonservative Ökonomen in vielen Studien die keynesianischen Prämissen schon zu zerpflücken versucht und an einer Rehabilitierung der Marktdoktrin gestrickt – eine Schule, die als Neoklassik in die Geschichte des ökonomischen Denkens eingehen sollte. Aber bevor sie dominant werden konnte, musste der Keynesianismus erstmals an seine Grenzen stoßen. Und das tat er in den frühen siebziger Jahren, als das bisherige Weltwährungssystem – das auf dem Goldstandard und dem Dollar als Leitwährung beruhte – wegen der amerikanischen Defizite infolge des Vietnamkrieges zusammenbrach und ein externer Schock durch die Erhöhung der Ölpreise zu einer Kostenexplosion führte. Mit einem Mal stieg die Arbeitslosigkeit, das Wachstum brach ein – und auch die Inflation schoss in die Höhe. All das zusammen hätte es, folgt man den keynesianischen Lehrbüchern, gar nicht geben dürfen. Die makroökonomische Lehre sieht schließlich vor, dass Volkswirtschaften gewissermaßen abwägen können – entweder mehr Inflation oder mehr Arbeitslosigkeit. Steigt die Arbeitslosigkeit, könne man Inflation in Kauf nehmen, und die Konjunktur würde wieder anspringen; steigt die Inflation, könne man sie mit Hochzinspolitik und damit Geldverknappung bekämpfen, was die Arbeitslosigkeit steigen ließe; dass aber beides – Inflation und Arbeitslosigkeit – gleichzeitig stieg, war im Modell unerklärbar und schlug vor allem der Politik die makroökonomischen

Instrumente für Wirtschaftspolitik aus der Hand. Tatsächlich war die Inflation nicht primär Folge von Lohnsteigerungen, sondern wurde vor allem durch den schockartigen Anstieg von Rohstoffpreisen ausgelöst. Wachsende Budgetdefizite, hohe Arbeitslosigkeit und hohe Inflation delegitimierten aber den keynesianischen Konsens – neokonservative und neoliberale Politiker standen schon bereit, den dreißig Jahren des regulierten Kapitalismus ein Ende zu bereiten. Die goldene Ära der Sozialdemokratie war vorbei.

Eines freilich ist an dieser Geschichte immer noch lehrreich: Die radikalsten Verbesserungen für die Bürger hat die am stärksten »gemäßigte« Strömung des Sozialismus durchgesetzt. Die Kommunisten träumten von einer Revolution, die in der Regel nie kam (und wo sie kam, brachte sie nicht viel Gutes), und auch die linken Sozialisten sahen im Kapitalismus ein prinzipielles Übel, dem erst mit dem Anbruch des Sozialismus beizukommen sei, weshalb sie sich mehr Gedanken über den »Weg zum Sozialismus« machten als über konkrete Reformen hier und jetzt. In der historischen Rückschau sind die Beiträge, die diese beiden Strömungen zur Verbesserung unserer Welt geleistet haben, in den meisten Fällen irrelevant (das sind die günstigen Fälle), in den Fällen, wo sie sich durchsetzen konnten, hauptsächlich negativ gewesen. Sie waren vom Glauben beseelt, dass eine bessere Welt nicht möglich sei, ohne einen großen, epochalen Umsturz oder eine ganz grundsätzliche Transformation – und dass ohne diese Umwälzung alle Reformen belanglose Kleinlichkeiten bleiben würden. Es war die progressive, reformorientierte Sozialdemokratie, die sagte: Eine bessere Welt ist möglich, und die gezeigt hat, dass man den Kapitalismus stabiler machen, dass man ihm Regeln auferlegen kann, dass man wirtschaftliche Dynamik und soziale Solidarität gleichzeitig haben kann – ja, dass ein fairer Kapitalismus besser funktioniert als ein »The-winner-takes-it-all«-Kapitalismus. Die Gesellschaften, die sie etablierten, waren gewiss keine Idealgesellschaften, aber es waren die besten Gesellschaften, die wir je hatten.

Die hatten sie erreicht, obwohl sie kein historisches »Endziel« mehr vor Augen hatten. Was sie freilich sehr wohl hatten, war eine Art Projekt – man kann das auch »Vision« nennen oder eine »Idee«, meinetwegen auch eine sanfte, gemessene Form von Utopie. Man wusste, wofür sie standen: für eine Gesellschaft, in der möglichst alle einen Job haben und in diesem fair bezahlt sein sollten; eine ordentliche Absicherung für Arbeitslosigkeit, Krankheit und Rente; für eine einigermaßen egalitäre Gesellschaft, in der die Spitzenverdiener nicht dreißig- oder dreihundertmal das Einkommen eines Durchschnittsarbeiters verdienen, sondern allenfalls das Acht- oder Zehnfache; dafür, dass ein paar elementare Dinge für alle gleich organisiert sind – dass jeder die beste medizinische Behandlung erfährt, wenn er sie braucht, und alle in etwa die gleichen guten Schulen besuchen können; dass man Startnachteile, wo das möglich ist, ausgleicht; dass die traditionell Privilegierten ihre Posten an den Schalthebeln nicht mehr automatisch abonniert haben; und dass man Institutionen hat – staatliche, aber auch zivilgesellschaftliche –, die sich um die Leute kümmern, etwa in unterprivilegierten Wohnquartieren, im Gemeindebau etc. Und diese Idee hatte nichts Statisches, sondern einen dynamischen Horizont: All diese Verbesserungen sollten sich kumulativ zu einem »immer besser« aufschaukeln, sodass es jede Generation besser habe als die vorhergegangene, bis am Ende eine Gesellschaft stehen würde ohne materielle Not, in der das allgemeine Bildungsniveau deutlich höher ist, alle Menschen in ordentlichen Wohnungen leben und alle die Freiheit haben, aus ihren Talenten etwas zu machen. Das in etwa war das sozialdemokratische Projekt. Jeder kleine Reformschritt, mag er für sich gesehen noch so technokratisch erscheinen, sollte sich in diese Idee fügen und war damit Teil eines größeren Ganzen.

Einen Plan von dieser Art haben die Sozialdemokraten heute nicht mehr. In mehreren Schritten haben sie sich von ihrem »Projekt« verabschiedet. Zunächst haben sie erkannt, dass »ausdifferenzierte und in vielerlei Hinsicht nur fragil verkoppelte moderne Gesellschaften nicht mehr angemessen politisch geführt werden konnten«, wie der deutsche Parteienforscher Franz Walter in seinem instruktiven Bändchen »Vorwärts oder abwärts?«[64] schreibt. Große Pläne erschienen ihnen eher störend, da die Improvisation einer fluiden Realität viel angemessener ist. Ende der neunziger Jahre biederten sie sich mit der Tony Blairs Labour Party entstammenden Idee vom »Dritten Weg« an den neoliberalen Zeitgeist an. Der Staat solle nicht mehr »alles regeln«, wurde jetzt auch von Sozialdemokraten als Parole ausgegeben – als hätte er das je getan. Man machte, etwa im »Blair-Schröder-Papier«, große Worte über »Effizienz-, Wettbewerbs- und Leistungsdenken« und proklamierte: »Die Schwächen der Märkte wurden über-, ihre Stärken unterschätzt.« Zehn Jahre später lässt sich das Manifest nur mehr Freunden bizarrer Lektüre empfehlen.

Die Sozialdemokraten wollten sich »modernisieren«, was man ihnen nicht verdenken kann, da sie über die Jahre zu einer grauen Partei geworden waren, und auch ein wenig von der »Dynamik«, »Flexibilität«, »Jugendlichkeit« und »Virilität« ausstrahlen, die man in den Hochphasen der »New Economy« mit den Jungunternehmern der »Start-ups« und gerissenen Yuppie-Investoren verband. Flexibilisierung der Arbeitswelt, das Loblied auf die Effizienz freier Märkte und auf den schlanken Staat haben sich auch die Sozialdemokraten antrainiert. Ihr Führungspersonal versuchte »modern« zu wirken, und das war gestisch oft nicht mehr vom Habitus der globalen »Winner Classes« zu unterscheiden. Weil die Manager die Leitfiguren des Zeitalters waren, wollten sozialdemokratische Politiker gerne »Manager der Politik« sein. Und das war nicht nur Gestik: Sozialdemokraten »verschlankten« den Sozialstaat oder, weniger euphemistisch gesagt, boxten Hartz IV durch und herrschten die Loser mit ihren Parolen vom »Fordern und Fördern« an. In ihrer Außendarstellung setzten sie lieber auf Werbeagenturen als auf den Aktivismus ihrer altväterlichen Parteigänger, schließlich wollte man ja »professionell« wirken – ein eng mit »modern« verbundener Begriff. »Die ›Realisten‹ des Dritten Weges konnten große Schaumschläger des Wortes sein, die in ihrer besten Zeit ganze Batterien von Nebelkerzen warfen. Zum Dritten Weg gehörten infolgedessen stets der Marketingexperte und der Werbefachmann. Mit der neuen Sozialdemokratie stieg die Klasse der Spindoktoren auf.«[65] Diese Modernisierung ging deshalb auch einher mit einem Bedeutungsverlust der traditionellen Parteiorganisation – Entscheidungen wurden in kleinen Klüngel getroffen und dann wie bei einem Großunternehmen in Form eines rigiden Top-down-Führungsstils nach unten exekutiert. Franz Walter schreibt darüber mit bitterem Sarkasmus: »Das alles trug dazu bei, dass aus den früheren breiten Mitglieder- und Funktionärsparteien der demokratischen Linken Formationen professioneller Politikausüber wurden. Doch am Ende aller Professionalisierung standen eben keine Erfolge der Sozialdemokratie, sondern ihre programmatische Aushöhlung und ihr elektoraler Verfall.«[66] Paradoxerweise sieht man das heute auch im Kreise von Tony Blairs »Third Way«-Vordenkern so: »Wir sind zu einer Partei professioneller Karrierebürokraten geworden«, sagt Roger Liddle, einer der einflussreichsten Stichwortgeber von New Labour. »Wir müssen wieder mehr zu einer politischen Bewegung werden.«

Aber es wäre zu billig, alle Schuld am üblen Zustand der Sozialdemokratien auf Modernisierer à la Gerhard Schröder oder Tony Blair zu schieben – so als hätten die eine Partei mit gefestigter Identität übernommen und dann durch Wischiwaschi-Ideologien zerstört. Ganz im Gegenteil: Sie haben ja das Narrativ des »Dritten Weges« entwickelt, weil ihre Parteien keine Erzählung mehr hatten, weil es an intakten, überzeugenden Ideen fehlte. Letztendlich befinden sich die Sozialdemokratien schon seit gut zwanzig, fünfundzwanzig Jahren auf einer schiefen Bahn, auf der es mal allmählicher, dann wieder schneller abwärts geht und nur sehr selten bergauf. Und genauso wenig wäre damit getan, wenn die Sozialdemokraten jetzt einfach den Schalter umlegen und wieder wie in den siebziger oder achtziger Jahren klingen würden – wer dies versuchen würde, der würde schnell wie aus der Zeit gefallen wirken. Abgesehen davon, dass man es ihnen auch gar nicht abnehmen würde, wenn sie plötzlich von einem Tag auf den anderen andere Töne anschlagen würden. Das wäre einfach nicht glaubwürdig. Wer heute etwas anderes sagt als gestern, dem glaubt man eher nicht – selbst in dem Fall nicht, dass er heute das Richtige sagt.

Und wer jemals einen sozialdemokratischen Ortsverein – oder eine Parteisektion, wie das in Österreich heißt – besucht hat, der weiß, wie tief die innere Identitätskrise, ja die regelrechte Haltungskrise ist, die von der gesamten Partei Besitz ergriffen hat. Gewiss, wenn man die Sozialdemokraten fragen würde, wofür sie stehen, würde man einige Antworten bekommen: Sie sind dagegen, dass alles zur Ware wird und die Menschen nur mehr wie Kostenfaktoren auf zwei Beinen behandelt werden; oder, besonders in Österreich, gegen die xenophobe Verhetzungspolitik der extremen Rechten. Aber man würde kaum hören, wofür sie eigentlich sind. Auf dieselbe Weise versuchen sich auch die Parteiführer schon seit Jahren durchzulavieren: Man hat sich vom neoliberalen Zeitgeist ein bisschen fangen lassen, nur um regelmäßig zu beschwören, dass man auch für soziale Wärme oder gegen die bösen »Heuschrecken« sei. Ein bisschen modernisieren, jedoch nicht so viel. Man will sich als harte Law-and-Order-Kraft positionieren, aber ohne die menschenfeindlichen Exzesse der extremen Rechten. Ein bisschen rechts, aber nicht zu sehr. Oft verstand man einfach das unter der Idee der »Neuen Mitte«: Man setzte sich zwischen alle Stühle. Und wunderte sich dann, welch unbequeme Sitzgelegenheit das ist.

Gewiss, nicht an allen Problemen, die die Sozialdemokratie hat, ist sie selber schuld. Aber dafür, dass sie für moderne, brillante junge Leute längst nicht mehr attraktiv ist, ist sie schon auch selbst verantwortlich. Wer sich eine hierarchische Partei dieser Art antut, wird laufend frustriert und schlägt irgendwann meist einen anderen Lebensweg ein. Welcher moderne, brillante zwanzigjährige Mann, welche moderne, brillante zwanzigjährige Frau will sich denn in einer Partei wie der SPÖ oder der SPD engagieren? Ja, ein paar gibt es, aber die meisten gehen doch, wenn sie sich für etwas starkmachen wollen, in irgendeine NGO. Da hat man schneller das Gefühl, dass man etwas bewegen kann, man muss dort auch keine Kompromisse schließen und sich nicht kompromittieren. Und die Ochsentour, bei der man sich erst einmal als Ortsgruppenkassier zehn Jahre bewähren muss, bleibt einem auch erspart. So ist die Personalpolitik der Sozialdemokratien seit Jahren praktisch nur mehr Negativauslese – weil oft nur die Subtalentierten bleiben, die anderswo keine großen

Chancen hätten. Und die werden bei ihrem Aufstieg noch mehr ins Parteisoldatische hingebogen. Die paar wenigen politischen Talente, die trotzdem bleiben und sich hochbeißen, müssen so lange Lebenszeit in irgendwelchen Sitzungen verbringen, sich bewähren, sich die Gremiensprache antrainieren, dass sie, wenn sie die Ochsentour durchlaufen haben, kaum mehr einen Satz sagen können, den ein normaler Mensch versteht, ganz zu schweigen von Sätzen, die andere wirklich überzeugen, die sie packen und begeistern könnten.

Nicht erst seit gestern gibt es also einen Prozess des schleichenden Verfalls: schon seit den achtziger Jahren haben die Sozialdemokratien den Anschluss an moderne progressive Milieus verloren; junge Leute machen einen großen Bogen um die Parteien; die Parteien schotten sich ab; der Typus des langweiligen Berufspolitikers wird dominant und prägt die Außenwahrnehmung der Sozialdemokratien; die Mitgliederstruktur ist überaltert, und eine wachsende Zahl der Mitglieder sind zunehmend frustrierte Aktivisten, die das Gefühl haben, ihre beste Zeit liege hinter ihnen; ambitionierte Ziele werden nicht mehr formuliert, wofür die Parteien positiv stehen, ist für viele Menschen kaum mehr erkennbar; die eigenen Gegenmacht-Netzwerke werden lose und löchrig, was die Möglichkeiten zur Rekrutierung qualifizierten Personals noch mehr einschränkt; man setzt in der Not auf kurzfristige Marketing-Gags, anstatt nachhaltige Anstrengungen zu unternehmen, eine intellektuelle Hegemonie zurückzugewinnen; während überall konservative und neoliberale Think-Tanks aus dem Boden schießen, sind progressive Denkfabriken Mangelware, und wo es sie gibt, sind sie der Eigeninitiative Einzelner zu verdanken, aber nicht einem strategischen Plan; und man hat auch die Sprache verloren, die Menschen mobilisieren und überzeugen kann, und sich stattdessen eine hermetische Politsprache zugelegt, die oft die schlechtesten Aspekte des Gremiengeredes mit der 50-Sekunden-Soundbite-Kultur der elektronischen Häppchen-Medien kombiniert – in möglichst kurzer Zeit nichts sagt und dabei einen »Sager« liefert. Wegen dieser Umstände beschränken sich sozialdemokratische Spitzenpolitiker in aller Regel auf ein kleines Ziel: Angesichts einer »feindlichen« ideologischen Atmosphäre, deren Veränderung man als schier unmöglich erlebt, versucht man bei Wahlen durch Politmarketing das Beste daraus zu machen. Und die Maßstäbe dafür, was man für »das Beste« hält, werden dann natürlich von Wahl zu Wahl bescheidener.

Aber muss das so sein? Möglicherweise, bis zu einem gewissen Grad. Die soziale Ausdifferenzierung der Gesellschaft macht es objektiv schwieriger, in großen Volksparteien unterschiedliche soziale und kulturelle Milieus zusammenzuschweißen und zu integrieren. Die unzähligen progressiven Milieus und Gruppen lassen sich kaum mehr auf ein gemeinsames politisches Projekt verpflichten – mögen sich die Hipster, die gegen den Rassismus kämpfen, und der Gewerkschafter, der für Mindestlöhne eintritt, auch irgendwie sympathisch sein, so sprechen sie oft nicht einmal eine gemeinsame Sprache. Diese Gruppen haben unterschiedliche Interessen, einen unterschiedlichen Lebensstil und unterschiedliche Werte. Der soziale Wandel hat die Sozialdemokratien auch zu Parteien gemacht, deren Führungspersonal und Funktionärskader längst nicht mehr zu den Unterprivilegierten zählen, sondern materiell und lebenskulturell der Mittelschicht angehören. Diese Mittelschichtslagen auf der einen Seite und die sozial Unterprivilegierten, für die sich die Sozialdemokratien traditionell stark machten, auf der anderen

Seite hält nicht mehr viel zusammen; die Unterprivilegierten fühlen sich von der Sozialdemokratie nicht mehr vertreten, gerade Angehörige der Mittelschicht sind oft sehr stark auf »Leistung« und ihren eigenen Aufstieg konzentriert. Die Mittelschichten sagen der Sozialdemokratie adieu, für die Unterschichten jedoch sind die Sozialdemokraten längst Teil eines Establishments, gegen das sie einen Groll hegen. So schrumpft das Wählerpotenzial der Sozialdemokratien zusammen, weshalb sie sich in ihrer Not auf die Mobilisierung ihrer »Kernschichten« konzentrieren – des schrumpfenden Heers der Industriearbeiter und der wachsenden Gruppe der Pensionisten. Sehr oft machen sie dann aber den Eindruck, als würden sie einfach die Partikularinteressen von ein, zwei gesellschaftlichen Gruppen vertreten, was sie erst recht für weitere Kreise über diese Gruppen hinaus unattraktiv macht. Franz Walter zieht aus alldem einen recht pessimistischen Schluss: »Man sollte nicht unbedingt damit rechnen, dass das 21. Jahrhundert ein sozialdemokratisches sein wird.«[67]

Man kann sagen: Viel spricht dafür, dass das alles so weitergeht. Auf der anderen Seite gibt es Tausende und Abertausende Menschen, die all das zur Verzweiflung treibt und die sich die Haare raufen, deren Engagement aber brachliegt, weil es einfach kein politisches Angebot für eine progressive Neuorientierung der Politik gibt. Welche Kraft diese Menschen entwickeln können, wenn sie eine Chance für Erneuerung sehen, hat die Obama-Bewegung in den USA eindrucksvoll gezeigt – und diese Bewegung hat auch gezeigt, dass es möglich ist, viele hunderttausend Menschen zu aktivieren und zum Mittun zu bewegen, wenn man die hermetisch verschlossene politische Kaste nur öffnet. Gewiss, die lose organisierte Demokratische Partei funktioniert signifikant anders als die Apparatparteien der demokratischen Linken, die wir in Europa kennen. Sie hat in normalen Zeiten kein allzu strukturiertes politisches Innenleben – was ein Nachteil ist –, ist daher aber auch besser in der Lage, Impulse von außen aufzunehmen.

Wie sich gezeigt hat, kann dies ein bedeutender Vorteil sein. Erst dadurch ergab sich die Möglichkeit, dass ein »etablierter Außenseiter« wie Barack Obama die Präsidentschaftskandidatur der Partei erkämpfen konnte. Das ist etwas, was man sich in Europa kaum vorstellen kann: Eine Frau oder ein Mann, der oder die im Parteiestablishment nicht verankert ist, erkämpft sich vom Rande des politischen Feldes aus mit Hilfe einer Graswurzelbewegung die Kanzlerkandidatur einer großen progressiven Partei – und nicht durch trickreiche »Gremienarbeit«. Die Voraussetzung dafür ist aber nicht nur, dass man glaubwürdige progressive Politiker hat, die mit den Bürgern zu »connecten« vermögen und sie auch begeistern können, sondern man muss ein paar Ziele formulieren und das positive Bild einer besseren und funktionstüchtigeren Gesellschaft zeichnen, die man in zehn, zwanzig Jahren durch ein paar ehrgeizige Reformen erreichen will. Denn mit Kleingeistigkeit und Kleinlichkeit wird man niemanden begeistern. Und nicht zuletzt ist eine Voraussetzung, dass man Parteien öffnet, sie beweglicher gestaltet, auch um die ungeheuren Kompetenzen zu mobilisieren, die heute viele jüngere Menschen haben, die mit den altmodischen Politritualen und Apparaten nichts zu tun haben wollen. Das heißt auch, dass sich politische Spitzenfunktionäre damit anfreunden müssen, Dinge zuzulassen und nicht mehr alles kontrollieren zu können. Im Partizipationszeitalter des Web 2.0 wird sich niemand für einen politischen Kandidaten starkmachen, dessen Nominierung er nicht mitbestimmen und dessen Botschaften er nicht selbst beeinflussen kann. Aber Spitzenpolitiker wollen oft vor allem eines: Kontrolle bewahren. Jedes Flugblatt, das verteilt werden, jeden Blogbeitrag, der für eine Partei Stimmung machen soll, wollen sie am liebsten von einer zentralen Instanz absegnen lassen. Eine solche Kontrollpolitik hat tatsächlich einen Vorteil: Es wird nichts im Namen einer Partei getan werden, was sich nicht einfügt in die ausgeklügelte Werbestrategie der Parteispitze. Sie hat leider auch einen kleinen Nachteil: Es wird überhaupt nichts mehr geschehen, weil alles Leben aus einer solchen Partei weicht. Wer progressive Parteien aber wieder mit Leben erfüllen will, muss sie zu Mitmach-Parteien machen.

Solange ein erstarrter Parteikader nach dem Motto agiert: »Das machen wir immer schon so, das werden wir auch weiter so machen«, und viel zu viel Energie auf die innerparteiliche Rivalität von Seilschaften und viel zu wenig Energie auf den gesellschaftlichen Meinungsstreit legt, wird sich nicht viel zum Besseren wenden. Immerhin, die desaströsen Wahlniederlagen, die die letzten Jahre für die Sozialdemokratien in Europa brachten, haben zu einem wachsenden Problembewusstsein auch innerhalb der Parteien geführt. Wenn man so hart mit dem Kopf am Boden aufschlägt, wie etwa die deutsche und auch die österreichische Sozialdemokratie, dann ist ein selbstgefälliges »Weiter so« einfach nicht mehr möglich. Das eröffnet möglicherweise die Chancen für Reformen – mehr freilich nicht. Man muss alle bisherigen Usancen im Grunde in die Luft sprengen und den schwerfälligen Apparaten ihre Macht nehmen – eine Macht, die längst nur mehr zum allgemeinen Schaden progressiver Politik ausschlägt. Auch demokratische Nominierungsverfahren – vulgo Vorwahlen – für alle wichtigen Positionen sollten eingeführt werden, bei denen interessierte Nicht-Mitglieder mitstimmen dürfen, sodass ein wirklicher innerparteilicher Wahlkampf geführt wird. »Natürlich wäre es kein Allheilmittel gegen sämtliche Gebrechen, dennoch sicherlich eine wirksame Maßnahme, wenn die Kandidaten der Sozialdemokratie künftig durch das Säurebad eines großen demokratischen Nominierungsprozesses gehen müssten«[68], lautet der Vorschlag von Franz Walter. Dagegen werden immer wieder bessere oder schlechtere Argumente ins Treffen geführt. Eines lautet: Dann gibt es noch mehr Personalisierung, und die größten Egos kommen nach oben. Ein anderes: Dann gewinnen diejenigen, die das meiste Geld für einen Wahlkampf aufbringen können.

Diese Probleme werden teilweise übertrieben: Medialisierung- und Personalisierung gibt es ohnehin, da ist es doch besser, mit den besten Personen in eine Wahl zu gehen. Ein Kandidat, der in einem innerparteilichen Nominierungsverfahren nicht zu überzeugen vermag, wird es später wohl auch schwer haben, die normalen Bürger für sich zu gewinnen. Zudem werden in einem Vorwahlverfahren auch Kompetenzen geschärft, die ohnehin notwendig sind – etwa die Fähigkeiten, andere Menschen von den eigenen Ideen zu überzeugen. Außerdem ist das Argument mit dem Geld reichlich übertrieben, insbesondere im Zeitalter des Web 2.0: Wer hier die Möglichkeit hat, andere für sich zu begeistern, der hat auch die Möglichkeit, von vielen Menschen Spenden einzusammeln, um einen – ohnehin nicht allzu kostenträchtigen – innerparteilichen Wahlkampf zu finanzieren.

Parteien sind kein Selbstzweck. Progressive Parteien erfüllen ihren Zweck, wenn sie funktionstüchtig im Hinblick auf das Ziel sind, Mehrheiten für eine Verbesserung unserer Gesellschaften zu gewinnen und somit diese Verbesserung zu ermöglichen. »Die entscheidende Frage ist:

Kann die moralische Aufgabe für das 21. Jahrhundert redefiniert werden«, erklären die Autoren des »Policy Network«, eines britischen Think-Tanks, der der Labour Party nahesteht. »In ihrem Kern hat die Sozialdemokratie immer Hoffnung und Optimismus repräsentiert. Sie hat die Bürger davon überzeugt, dass die Spezialinteressen verschiedener Gesellschaftsgruppen für das Gemeinwohl mobilisiert werden können. Diese Fähigkeit, eine Brücke zwischen Einzelinteressen und kollektiven Interessen zu bilden, war immer die Grundlage dafür, dass Mitte-Links-Parteien die Mehrheit gewinnen konnten.« Ihre strategische Aufgabe sei es heute, »die Mitte in eine progressive Richtung zu bewegen«.[69] Viele frustrierte Sozialdemokraten ziehen aus der Krise ihrer Parteien den Schluss, sie müssten sich nun wieder mehr »nach links« bewegen und die falsche Orientierung auf die politische Mitte aufgeben. Aber das ist richtig und falsch zugleich. Natürlich kann man mit allem Recht der Welt die Auffassung vertreten, eine gerechtere Steuer- und Sozialpolitik, die auch Vermögen, Vermögenszuwächse, Kapitalerträge, große Erbschaften und hohe Einkommen fair besteuert, sei eine »linkere« Politik als die gegenwärtig von vielen Sozialdemokratien betriebene Politik. Oder dass eine Umweltpolitik, die das Großrisiko »Klimawandel« ernst nimmt, »linker« wäre als die gegenwärtige Kopf-in-den-Sand-Politik. Aber zugleich fehlt es der Sozialdemokratie an vielem, was nichts mit dem Kategoriensystem Rechts – Links zu tun hat. Ist eine Mitmach-Demokratie, ist eine Kommunikation in einer normalen Sprache, ist eine Personalpolitik, die versucht, blitzgescheite und rebellische junge Leute für die Politik zu gewinnen, wirklich prononciert »links«? Oder ist Modernität »links«? In gewissem Sinne braucht die Sozialdemokratie einen Ruck nach links, aber in vielerlei anderer Hinsicht hat sie – als altmodische Partei – einen Ruck in die Mitte der zeitgenössischen Gesellschaft bitter nötig.

Aber ein Ruck in die Mitte der Gesellschaft kann nicht heißen, dass man sich irgendwelchen imaginierten Meinungen dieser »Mitte« anpasst. Das war der fatale Fehler des Schröder'schen Konzepts von der »Neuen Mitte« – die Phantasie nämlich, dass der gesellschaftliche Mainstream fix und unveränderbar sei und einen klaren Ort in der Gesellschaft hat. Wenn die Sozialdemokratie eine Zukunft haben und einen produktiven Beitrag zu einem progressiven Neustart schaffen will, muss sie tatsächlich eine »Neue Mitte« schaffen, indem sie die Mitte selbst »nach links« rückt. Indem sie wieder Überzeugungskraft gewinnt und indem sie neue gesellschaftliche Allianzen ermöglicht.[70]

Ihre Misserfolge und Niederlagen bei Wahlen bilanzieren die Führungsleute von Parteien der demokratischen Linken meist im Jammerton. Sie beklagen sich dann über die Ungerechtigkeit der Welt, denn sehr oft liegt in ihren Augen der Hauptgrund für ihre Rückschläge darin, dass der politische Gegner viel mehr Geld habe, dass er von den Medien bevorzugt behandelt werde, so geschickt beim Lancieren seiner neokonservativen Agenda oder einfach taktisch fürchterlich gerissen sei, sodass er die Sozialdemokraten regelmäßig über den Tisch zu ziehen vermag. Immerzu, kurzum, wird die Schuld bei den anderen gesucht, und das politische Geschick der Gegenseite wird als große Ungerechtigkeit angeprangert, als würde irgendjemand die Sozialdemokraten dazu nötigen, selbst ungeschickt zu sein. Als wäre es die Schuld von irgendjemanden, aber niemals von ihnen selbst, wenn sie eine traurige Figur machen. Und als hätten die erfolgreichen politischen Kräfte der demokratischen Linken in der Geschichte unter einem machtpolitisch und medial günstigeren Umfeld operiert. Für die »Grünen« oder die Partei »Die Linke« in Deutschland gilt das, grosso modo, ganz ähnlich.

Erinnern wir uns noch einmal an die drei Strömungen der Linken, die ich weiter oben beschrieben habe: die Kommunisten, die dafür eintraten, auf revolutionäre Weise eine postkapitalistische Gesellschaft einzuführen; die Sozialisten, die die Utopie einer »ganz anderen« Gesellschaft vor Augen hatten; und die Sozialdemokraten, die hier und jetzt Reformen zur Verbesserung der Gesellschaft durchführen wollten. Die Geschichte hat gezeigt, dass Letztere die erfolgsträchtigste Perspektive hatten. Aber das muss in einem Punkt relativiert werden. Schon in jener Zeit haben die linken Sozialisten den reformorientierten Pragmatikern vorgeworfen, dass es ihnen an einem eminenten Ziel fehle, wie denn eine gute Gesellschaft aussehen solle. Ohne ein solches Ziel allerdings, argumentierten sie, wäre die Linke erratisch und orientierungslos und es würde ihr auch die Fähigkeit verloren gehen, Menschen zu mobilisieren und zu inspirieren. Und damit hatten sie auf gewisse Weise recht. Es braucht nicht das utopische Endziel eines aseptischen, im stillen Kämmerlein ausgedachten Idealstaates, aber doch so etwas wie die ehrgeizige Vision einer besseren Gesellschaft und den Optimismus, dass man diese auch erreichen könne. Wenn man so will: ein Ziel, Elan und Sinn für das Mögliche. Wer sich in der Tagespragmatik verliert, wird blind für die Zukunft. Oder, wie das Tony Judt lapidar formuliert: »Unglücklicherweise ist Pragmatismus nicht immer gute Politik.«[71]

4. Mehr Demokratie in die Demokratie!

Wenn Bürger in Passivität verfallen, nützt das nur den gut organisierten Machteliten, die den Staat ausplündern. Deshalb müssen wir die Demokratie zur Mitmach-Demokratie umbauen.

Alle vier Jahre sind wir in Deutschland, alle fünf Jahre in Österreich dazu aufgerufen, das nationale Parlament zu wählen – und dazwischen gibt's noch ein paar andere Urnengänge, lokale, auf Länderebene. Auf den Stimmzetteln finden sich dann Parteinamen und daneben runde Kringel, in die wir ein Kreuz machen dürfen. Manche kreuzen eine Partei an, um den Regierungen einen »Denkzettel« zu verpassen. Wieder andere machen ihr Kreuz bei einer Partei, die sie zwar nicht begeistert, die sie aber wählen, um den Wahlsieg einer anderen Partei, die sie noch viel unsympathischer finden, zu verhindern. Wieder andere wählen eine Partei, weil sie deren Kandidaten einfach »cool« finden – welche politischen Vorstellungen der auch immer haben mag, ist ihnen nicht so wichtig. Der Großteil der Wähler schleppt sich eher lustlos ins Wahllokal. Und eine signifikante Minderheit tut nicht einmal das. Immer mehr Wähler bleiben einfach daheim.

Oft wählt man die Partei, die man noch am wenigsten für unwählbar hält. »Keine von denen« ist ja schließlich keine Option am Stimmzettel – anders als in den frühen neunziger Jahren in Russland übrigens, wo die Wähler tatsächlich bekunden konnten, dass sie das gesamte Angebot für Ramsch und Ausschuss halten. Eine Möglichkeit, die freilich bald wieder abgeschafft wurde.

Ist es das, was wir uns unter Demokratie immer vorgestellt haben?

Das liberale, repräsentative Politikmodell hat eine Reihe von Vorteilen. Erstens: Es ist relativ simpel und funktioniert auch mit einem weitgehend entpolitisierten Publikum. Die Wähler gehen alle paar Jahre zur Wahlurne und bestimmen die Zusammensetzung des Parlaments. Die so gewählten Abgeordneten nehmen den Bürgern das weitere Trockenbrot der Demokratie dann ab. Die gewählten Parlamentsparteien dealen in Verhandlungen, denen man schon nicht mehr folgen muss, entsprechend den Mehrheitsverhältnissen die Regierungsbildung aus, und irgendwann wird ein Kanzler oder eine Kanzlerin, ein Premierminister oder eine Premierministerin gewählt. Das Parlament beschließt in der Folge Gesetze, die Ministerien erledigen ihre Arbeit. Auf engagierte Bürger, die Energie und Lebenszeit in Politik investieren, ist ein solches System nicht angewiesen. Zweitens: Der Zorn, die Wut, ja auch die niedrigen Instinkte von Menschen werden neutralisiert, da die Despotie des »gesunden Menschenverstandes« durch Vermittlung, Delegation und parlamentarische Verfahren entschärft ist. Dass die Mehrheit der Minderheit diktiert, wie sie zu leben habe, kommt in einem solchen System eher selten vor – höchstens in Sonderfällen wie der Schweiz, aber auch dort sorgt dies für heftige Diskussionen, wenn etwa den Muslimen durch eine Volksabstimmung verboten wird, Gotteshäuser mit Minaretten zu bauen. Drittens: Moderne Gesellschaften sind komplex, und deshalb hat die Politik oft knifflige Detailfragen zu klären. Im liberalen, repräsentativen Demokratiemodell treffen Bürger Richtungsentscheidungen, die komplizierten Gesetzgebungsfragen werden ihnen aber von professionellen Politikern abgenommen.

Ein tolles System. Trotzdem ist es in der Krise.

»Die relativ niedrigen Anforderungen, die im Rahmen des liberalen Demokratieverständnisses an das Funktionieren des politischen Systems gestellt werden, führen zu einer Zufriedenheit, die uns blind machen kann für ein neuartiges Phänomen, das ich als ›Postdemokratie‹ bezeichnen möchte«, schreibt Colin Crouch, Politikprofessor in Coventry, in seinem Buch »Postdemokratie«. »Der Begriff bezeichnet ein Gemeinwesen, in dem zwar nach wie vor Wahlen abgehalten werden, Wahlen, die sogar dazu führen, dass Regierungen ihren Abschied nehmen müssen, in dem allerdings konkurrierende Teams professioneller PR-Experten die öffentliche Debatte während der Wahlkämpfe so stark kontrollieren, dass sie zu einem reinen Spektakel verkommt. Die Mehrheit der Bürger spielt dabei eine passive, schweigende, ja sogar apathische Rolle, sie reagieren nur auf die Signale, die man ihnen gibt.«[72] Langweile, Frustration, Desillusionierung macht sich bei den Bürgern breit, das Gefühl, dass sie das alles eigentlich nichts angeht. »Postdemokratie heißt nicht, dass wir keine Demokratie mehr haben«, rückt Crouch im Gespräch etwaige Missverständnisse zurecht. »Postdemokratie heißt: Wir haben Demokratie, wir haben die Institutionen, aber eigentlich interessieren sie niemanden mehr so richtig. Die Bürger wählen, aber eigentlich wissen viele nicht, wen sie wirklich wählen sollen. Die Demokratie existiert weiter, aber jenseits davon hat die Demokratie ihre vitalen Energien verloren.«[73]

»Politikverdrossenheit« ist ein Wort, das uns schon lange verfolgt. Es ist ein hilfloser, irreführender Begriff, der zudem eine gefährliche Schlagseite hat. Er unterstellt, dass sich die Menschen einfach für Politik nicht interessieren. Deswegen ist er auch sehr beliebt bei älteren Politfunktionären, die sich in ihren Parteihinterzimmern verbarrikadieren und dort achselzuckend feststellen, dass

»die jungen Leute heute einfach von Politik nichts mehr wissen wollen« – ein Urteil, zu dem der Parteifunktionär nur kommen kann, weil er seine Gremiensäle nie verlässt und weil er tagtäglich dafür sorgt, dass seine Parteien für politische junge Leute maximal unattraktiv werden. Das Wort von der »Politikverdrossenheit« unterstellt aber freilich auch, dass die Politik so ist, wie sie ist, weil die Menschen apathisch und passiv sind. Also: Dass die Politik eben so medioker ist, weil die Menschen apathisch sind. Dabei gilt natürlich in mindestens ebenso großem Maße: Die Bürger sind passiv, sie wenden sich frustriert ab, weil die Politik ist, wie sie ist.

Und die Politik reagiert auf dieses Problem mit Mitteln, die die Problematik noch verschärfen: Wenn sich die Bürger schon nicht mehr für die Parteien, ihre Konzepte, für die »Weltanschauung«, die sie vertreten, begeistern lassen, dann muss man sie eben mit Werbung und PR umgarnen. So gewinnen Werbeagenturen, Meinungsforschungsinstitute, Markenartikler und Spindoctoren immer mehr Einfluss auf die Politik. Man versucht eingängige, zugkräftige Slogans zu erfinden, die 20-Sekunden-Soundbites möglichst nicht übersteigen sollen, damit sie in der Erinnerung des Publikums hängen bleiben; kontroverse Themen, die weitere Wähler abschrecken könnten, sollen oft tunlichst vermieden werden. Man darf die politisch entwöhnten Bürger schließlich nicht überfordern, so die implizite Logik dieses Denkens – aber oft unterfordert man damit die Bürger, die sich mit Recht für dumm verkauft vorkommen. Die gängigste und beliebteste Strategie ist, einen politischen Spitzenmann, eine politische Spitzenfrau als energischen Entscheider, coolen Typen oder einfach als sympathischen Kerl aufzubauen und nach den Prinzipien des Markenartiklertums anzupreisen. Schließlich haben die Parteien es ja immer weniger mit Anhängern zu tun, sondern mit Politkonsumenten, die am Parteienmarkt auf ähnliche Weise entscheiden wie zwischen Warenangeboten. Wenn die Parteien in politischer Hinsicht oft ununterscheidbar werden und eminente Richtungsentscheidungen überhaupt nicht mehr im Angebot sind, dann gustiert der Wähler zwischen den Alternativen wie zwischen Warenangeboten – und oft entscheidet er, wie am Markt für MP-3-Player, nach dem Lifestyleaspekt des Angebots, nach dem »Image«, ob er sich von der Ware emotional angesprochen fühlt.

Es ist erstaunlich, was man schon in Wolfgang Fritz Haugs legendärer »Kritik der Warenästhetik« aus dem Jahre 1971 über eine Rede des damaligen deutschen Verteidigungsministers und späteren Bundeskanzlers Helmut Schmidt nachlesen kann. Darin beklagt Schmidt – man bedenke, das Schwarzweißfernsehen hatte sich gerade erst allgemein durchgesetzt, langsam kamen die ersten Farb-TV-Geräte auf den Markt –, dass Politiker nicht bloß gegeneinander konkurrieren wie Produkte in der Marktkonkurrenz. Schlimmer noch: Es ginge nur mehr um den »Eindruck«, um das »Ankommen«. Konkurrenz sei zur »Eindruckskonkurrenz« verkommen, so Schmidt und: »Selbst jemand, der erfolgreich ist, wird nicht gewählt werden, wenn er am Fernsehbild nicht genügend ausstrahlt.« Politiker, so deutete Haug Schmidts Lamento schon vor beinahe vierzig Jahren, müssten heute also in erster Linie »Markentechniker« sein.[74] Die Politik wird warenförmig, kommodifiziert.

Womöglich ist all das, was der durchschnittlich dunkelgrau gestimmte Zeitgenosse an der gegenwärtigen Politik, deren Fixierung auf Oberflächliches, auf Inszenierung, auf Meinungsumfragen zu kritisieren hat, ein Ausdruck der Durchdringung von Politik und Konsumismus. Das jedenfalls legt der amerikanische Politologe Richard Sennett in seinem Buch »Die Kultur des neuen Kapitalismus« nahe. Das Publikum konsumiere die Politik auf seltsam passive Weise, so seine These; wie bei normalen Waren gleiche sich der »Gebrauchswert« – also die politische Programmatik – weitgehend an, deshalb versuche man, mit immer mehr Kulturalisierung und Marketing den »Reiz des Unterschieds« hervorzurufen. So wie Seife oder Tampons verschiedener Marken in praktischer Hinsicht das Gleiche können, weshalb mittels Branding eine Lifestyledifferenz zur besseren Produktpositionierung etabliert wird, so gelte auch für die Politik: je ununterscheidbarer die Parteien in praktisch-politischer Hinsicht, desto bedeutender die Oberflächenphänomene für den Erfolg des »Produkts«. Schon lange, so Sennett, hätten die Politikkonsumenten es aufgegeben, tatsächlich nach der sachlichen Qualität der angebotenen Politik zu fragen – die liege im Dunkeln wie das Innenleben des Computers, des Toasters oder des Autos, das erstanden wird, und werde sich letztendlich vom Angebot der Konkurrenz wohl nicht allzu sehr unterscheiden; das Publikum beurteile allerdings die Fertigkeiten, mit denen die Politiker versuchen »anzukommen«. Weil das Publikum Wahrhaftigkeit bei dieser Art von Marketing vernünftigerweise nicht erwartet (auch Branding funktioniert, obwohl die Konsumenten der Werbung misstrauen), ist wahr oder falsch überhaupt kein Kriterium, das bei dieser Entscheidung eine Rolle spielt. »Werden politische Führer heute auf dieselbe Weise ›verkauft‹ wie Seife, als unmittelbar erkennbare Marken, die der Verbraucher aus dem Regal nimmt?«, fragt Sennett.

Auf diese konsumierende Haltung gibt der Etabliertenpopulismus eine Antwort: die von Spindoktoren durchgestylte Politik à la Blair & Co. Auch jene Abart des Populismus stellt ein »Wir« her, aber nicht mehr als politisches

»Lager«, sondern eher als Lifestylegemeinschaft. Man entscheidet sich instinktiv für den Politiker, dessen Stil einem emotional entspricht. Man soll dieses Bild nicht überreizen: Der konsumierende Bürger ist sich darüber im Klaren, dass der Griff zum Softdrink an der Supermarktkasse das eine ist, die Wahl einer Partei bei einer Nationalrats- oder Bundestagswahl das andere. Dennoch prägt das eine seinen Habitus und färbt damit das andere ein. Der Bürger kennt seine Interessen, sie gehen in seine politische Entscheidung mit ein, aber sein emotionales Wohlbefinden ist selbst Teil seiner Interessen. Auch die rein ästhetische Entscheidung ist nicht nur ästhetisch.

Der konsumistische Habitus hat viele Ausprägungen. Wenn der Bürgerkonsument das TV-Gerät einschaltet, will er etwas erleben. Wird ihm das vorenthalten, ist er wählerisch. Gegen einen Politiker, der ihn nicht unterhält, stimmt er ab – mit der Fernbedienung in der Hand. Das öffnet einer Reihe von Paradoxien Tür und Tor. Selbst harte politische Auseinandersetzungen, für die sich angesichts der häufigen pogrammatischen Ununterscheidbarkeit der Akteure oft gar nicht so leicht ein Thema findet, folgen dieser Logik: das Publikum bleibt nur aufmerksam, wenn es ordentlich kracht, und so kommt, was eine ordentliche Talkshow sein will, ohne Schreiduell oder giftige Polemik nicht aus. Dies erklärt auch den seltsamen Sachverhalt, den man in manchen Ländern beobachten kann: die Polarisierung bei gleichzeitiger Abwesenheit nennenswerter politischer Programmkonflikte.

Politik, vom Konsumkapitalismus derart umgeformt, muss sich den Verkaufsstrategien beugen, die dieser etabliert hat. Wird ein Politiker, der diese penibel verfolgt, dennoch nicht gewählt, kann ihm nur mehr ein Relaunch helfen, das, was man im Marketing die »behutsame Modernisierung der Marke« nennt: neue Käuferschichten erschließen, ohne die alten Käufer zu verprellen. Der Virtuose in diesem Spiel umgarnt den Bürger wie der Verkäufer den Kunden, er muss ihn betören, ihm den Glanz der Ware versichern, die er im Angebot hat. Im optimalen Fall ist er selbst diese glänzende Ware (im suboptimalen Fall ist er ein Ladenhüter).

Unser Demokratiemodell – und das, was aus ihm geworden ist – ist nach den Worten des amerikanischen Politikwissenschaftlers Benjamin Barber deshalb eine »magere Demokratie«, keine »starke Demokratie«, sie fördere die Indifferenz noch, die sie allenthalben beklagt. Eine Krisenspirale dreht sich, ein Teufelskreis: Weil die Parteien die Bürger nicht mehr anzusprechen vermögen, verfallen diese in Desinteresse, weshalb sich immer weniger Bürger in diesen Parteien engagieren, weshalb das politische Personal immer unattraktiver wird und blanke Karrieristen in diesen Parteien ein immer leichteres Spiel haben – weshalb sich noch mehr Menschen angewidert von den Parteien abwenden. All das höhlt aber nicht nur die Demokratie aus, die Gemeinwesen werden selbst weniger lebenswert. Gewiss ist Engagement in und für Parteien nur eine der Möglichkeiten, sich mit anderen gemeinsam für etwas einzusetzen. Aber in aller Regel gehen Entpolitisierung und der Rückzug ins Private miteinander einher – es ist ja nicht so, dass, nur weil sich weniger Menschen in Parteien engagieren, umso mehr in der Nachbarschaftshilfe oder in der Freiwilligen Feuerwehr mittun. Verlieren die Parteien an Mitgliedern, geht meist auch das bürgerschaftliche Engagement als solches zurück, der gesellschaftliche Zusammenhalt erodiert, die Bürger fühlen sich vereinzelt und empfinden, dass sie in ihrem Gemeinwesen keine Möglichkeit zur Mitgestaltung haben. Jüngste Forschungen haben auch ergeben, dass es »einen starken Zusammenhang zwischen dem Anteil von Parteimitgliedern unter den Wahlberechtigten und der Effektivität von Regierungen gibt«[75] – das heißt, in Ländern, in denen sich weniger Menschen Parteien verbunden fühlen, wird schlechter regiert: Schlägt den Politikern Ressentiment entgegen oder können sie sich nur auf sehr labile Mehrheiten stützen, hängen sie ihr Fähnchen öfter in den Wind, sie vermeiden kontroverse, aber notwendige Entscheidungen, und wenn aus Parteien alles Leben weicht, kommen windige, nur am Eigennutz orientierte Personen viel leichter in ihnen hoch. Politisch desinteressierte Bürger führen zu schlechterer Politik, Entpolitisierung führt zu Korruption.

»Postdemokratie« beschreibt für Colin Crouch nämlich nicht zuletzt einen Zustand, in dem »die Repräsentanten mächtiger Interessensgruppen, die nur für eine kleine Minderheit sprechen, weit aktiver sind als die Mehrheit der Bürger, wenn es darum geht, das politische System für die eigenen Ziele einzuspannen«.[76] Wenn die »normalen Bürger« sich nicht mehr artikulieren – die Unternehmen tun das sehr wohl. Nur manchmal führt das zu einem »Skandal!«-Aufschrei wie im Winter 2009/10, als Guido Westerwelles FDP durchsetzte, dass im Zuge des »Wachstumsbeschleunigungsgesetzes« (was für ein Orwell'sches Wort!) der Mehrwertsteuersatz für Hotelübernachtungen von 19 auf 7 Prozent gesenkt wurde. Ein für die Allgemeinheit teures und nutzloses Steuergeschenk an die Klientel der Partei und deren Lobbys. Von einem Hotelunternehmer hatte die Partei innerhalb eines Jahres 1,1 Millionen Euro Spenden erhalten und zeigte sich entsprechend erkenntlich. Aber oft braucht es gar nicht solche offen korrupten Machenschaften. Einfache Bürger haben es ohnehin sehr schwer, ihre Interessen zu artikulieren, und wenn sie sich immer seltener mit anderen Bürgern zusammentun und sich innerhalb von Parteien Gehör verschaffen, haben sie überhaupt keine Stimme. »Big Business dagegen hat es umso einfacher«, sagt Colin Crouch. »Es braucht da gar keine großangelegten Verschwörungen. Die Politik, auch Mitte-Links-Parteien bewegen sich in derselben Welt wie die Wirtschaftsführer. Die Politiker sind stetigen Einflüssen ausgesetzt. Passive Bürger dagegen üben keine Einflüsse aus.«

Für die Gewinner des Neoliberalismus sind entpolitisierte Bürger genau das, was sie brauchen. Es gehört zu den schönen Widersprüchen der neoliberalen Doktrin, dass sie wie eine tibetanische Gebetsmühle stets verkündet, »der Staat«, »die Regierungen« sollten sich aus »der Wirtschaft« raushalten – keineswegs folgt für sie aber daraus, dass sich »die Wirtschaft« aus »dem Staat« raushalten soll. Täglich dringen wirtschaftsnahe Lobbyisten auf ihnen genehme Gesetze, in den Ministerien geben sie sich die Klinken in die Hand. »Semipermeabel« werde, so Crouch, die Grenze zwischen Wirtschaft und Politik. »Die Wirtschaft sollte die Möglichkeit haben, sich nach Belieben in die Politik einzumischen – aber nicht umgekehrt«[77] – das sei es, was die neoliberalen Propagandisten wirklich wollen. Wenn man den Staat nur lange und massiv verschlankt, in Ministerien Aufnahmestopps verhängt und es für gut ausgebildete junge Leute unattraktiv macht, im öffentlichen Dienst anzuheuern, fehlt in den Regierungsstellen bald tatsächlich das Know-how für die komplexe Steuerung moderner Gesellschaften.

Die neoliberale Behauptung, dass Regierungen dumm, »die Märkte« aber allwissend seien, wird so tatsächlich »wahr« – der Regierung fehlen dann Kompetenzen, die sie aus der Wirtschaft zukaufen muss. Der gerne als Shootingstar apostrophierte CSU-Mann Karl-Theodor zu Guttenberg hat in seiner Zeit als Wirtschaftsminister sogar das heikle Bankenrettungsgesetz von der internationalen Anwaltskanzlei Linklaters schreiben lassen. Man muss nur einen Klick im Internet machen, um auf die Homepage der Firma zu kommen. Dort heißt es: »Die führenden großen Unternehmen der Welt und die wichtigsten Finanzinstitutionen vertrauen Linklaters bei ihren juristischen Herausforderungen.« Im Klartext: Der Wirtschaftsminister hat eine Anwaltskanzlei mit der Abfassung eines Gesetzes betraut, das direkt die Interessen deren wichtigster Kunden berührt. Man muss sich nicht wundern, wenn sie den Auftrag zu deren vollster Zufriedenheit erledigt. Das Marktmodell beschreibt sich selbst als »freies Spiel der Konkurrenz«, fördert aber in der Realität nur die Machtkonzentration der wirtschaftlich Mächtigen. So führt die neoliberale Ideologie direkt zu einem »Räuberstaat« (John K. Galbraith). Wirtschaftseliten machen sich daran, »den Staat zu übernehmen und zu kontrollieren – nicht für ein ideologisches Projekt, sondern um als Einzelpersonen oder als Gruppe folgende Ziele zu erreichen: so viel Geld wie möglich anzuhäufen, ihre Macht so wenig wie möglich einschränken zu müssen und sich die besten Chancen auf staatliche Rettung zu verschaffen, falls irgendetwas schiefgehen sollte«.[78] Nehmen wir nur das Beispiel der amerikanischen Großbanken: Wenn die US-Finanzindustrie über 30 Prozent der Corporate Profits auf sich vereinigt – eine Branche, die selbst nur zehn Prozent des Bruttonationalprodukts repräsentiert –, ist leicht einsehbar, dass man Privilegien, die eine solche Umverteilung ermöglichen, nur durchsetzt, wenn man beträchtlichen Einfluss auf die Gesetzgebung hat. Und umgekehrt gilt: Wenn einmal eine Handvoll Mächtiger einer Branche eine derartige Stellung in einem Staat erreicht hat, hat sie auch die Machtmittel in der Hand, praktisch jede Entscheidung zu beeinflussen, ja de facto zu diktieren.

Der Staat wird auf eine Weise von Wirtschaftsinteressen

gekapert, dass man ohne viel Übertreibung von »Government Inc.« – von der »Regierung GmbH« – sprechen kann. Lobbyismus und Korruption gab es zwar immer schon, aber die vergangenen Jahrzehnte waren von einem »systemischen Wandel« in dieser Hinsicht geprägt, schreibt die amerikanische Sozialanthropologin Janine R. Wedel in ihrem Buch »Shadow Elite«. Der Staat gliedert durch »Outsourcing« immer mehr Aufgaben an Private aus; eine Klasse von Beratern, Consultern und Amtsträgern entsteht, die für verschiedene Firmen und Institutionen arbeiten, die zeitweilig im staatlichen Auftrag Regierungsaufgaben übernehmen, aber keine Loyalität zum Auftraggeber entwickeln – sie sind nur ihren eigenen Interessen oder denen ihrer Machtnetzwerke gegenüber verpflichtet. Sie haben privilegierten Zugang zu Informationen, die sie zu ihrem eigenen Vorteil – und zum Vorteil ihrer Klüngel – benützen. Es wird gang und gäbe und in diesen Kreisen achselzuckend toleriert, dass die CEOs, Consulter usw. ihre Eigeninteressen sogar zum Nachteil jener Institutionen verfolgen, für die sie temporär arbeiten. Bindung an die Institution, für die sie mit einem Ein-, Zwei- oder höchstens Fünfjahresvertrag arbeiten, können sie ohnehin keine entwickeln. Im Gegenteil: Oft versuchen sie in der kurzen Zeit, die sie für eine Organisation arbeiten (staatlich oder privat, das macht keinen Unterschied), so viel Geld wie möglich in die eigene Tasche zu wirtschaften. Der Neoliberalismus hält in der Rhetorik die Tugenden der »freien Marktwirtschaft« hoch und fordert den »schlanken Staat«, aber im Ergebnis führt er vor allem »zu einer Reorganisation der Beziehungen zwischen staatlicher Verwaltung und Business zum Vorteil der Wirtschaft, und er durchlöchert die Mauer, die beide voneinander trennen sollte« (Janine R. Wedel).[79] Die Akteure, von denen hier die Rede ist, werden nicht reich, weil sie am Markt so erfolgreich unternehmerisch agieren – sondern weil sie den Staat ausplündern (und oft auch noch ihre Unternehmen dazu). All das gelingt ihnen, weil sie ohne effektive Kontrolle arbeiten –Rechenschaftspflichten, die für Minister oder normale Beamte gelten, können sie sich sehr oft entziehen, und politisch in Passivität gehaltene Bürger schenken ihren Machenschaften nicht die nötige Aufmerksamkeit. Im Gegenteil: Durch geschickte PR stellen sich unsere modernen, flexiblen Politmanager als tolle, fortschrittliche Typen dar, die den Staat entstauben und für jedes Problem eine Lösung haben, auf die die zurückgebliebenen Schreibtischhengste in den Ministerien nie kommen würden. Sie umgeben sich mit einer Staraura, die sie schützt. Ein legendäres Exempel für diese Art des buchstäblich »eigenverantwortlichen« Regierens ist etwa der österreichische Ex-Finanzminister Karl-Heinz Grasser, der in seiner Amtszeit seine Buddys aus PR-Agenturen, Consultingfirmen und Immobilienunternehmen so platzierte, dass sein Freundeskreis an allen Privatisierungsaktionen, an allen staatlichen Werbeaktionen kräftig mitschnitt. Hart an der Grenze zur Illegalität – auf welcher Seite der Grenze, das klären seither die Gerichte.

Unser Wirtschaftssystem ist in den letzten Jahren zum Kleptokapitalismus verkommen. Passivität der Bürger, ihr Rückzug ins Private, ihr Desinteresse an der Politik und ihr Verdruss über die Politiker auf der einen Seite – und die Plünderung des Staates durch Wirtschaftsmächte auf der anderen Seite: die Machtlosigkeit der Bürger und die Übermacht von Wirtschaftsinteressen hängen eng zusammen. Wenn wir unsere Gesellschaften verbessern wollen, müssen wir unsere Demokratie funktionstüchtiger machen. »Was wir brauchen, ist eine zweite Welle der Demokratisierung – oder, wie ich das nenne, die Demokratisierung der Demokratie«[80] – erklärte schon vor zehn Jahren Tony Blairs intellektueller Stichwortgeber, der Soziologe Anthony Giddens, und er hat damit völlig recht. Es genügt freilich nicht, wenn Gesellschaftskritiker oder Kommentatoren an die Parteien appellieren, dass sie künftig nicht mehr so nachgiebig gegenüber mächtigen Wirtschaftslobbys sein und den Unterprivilegierten mehr Gehör schenken sollen. »Es ist schwierig für politische Parteien, soziale Gruppen zu repräsentieren, wenn diese Gruppen sich nicht artikulieren«, meint Colin Crouch dazu: »Es ist einfach, die Schuld auf ›sie‹ zu schieben« – also auf »die Politiker«, die angeblich willfährige Erfüllungsgehilfen für mächtige Lobbys seien. Sie sind es auch deshalb, weil sich passivierte Bürger nicht artikulieren.

Aber ist das dann nicht ein Teufelskreis, aus dem es keinen Ausgang mehr gibt?

Es wäre schon etwas getan, wenn die großen Parteien der demokratischen Linken ihre Phantasie vom »Konsens der Mitte« aufgeben und ein klar konturiertes Gegenmodell zum neoliberalen Einheitsdenken formulieren würden – so in etwa lautet die These der belgisch-britischen Philosophin Chantal Mouffe. Demokratie lebt vom leidenschaftlichen Engagement, aber die Bürger werden nur dann wieder Interesse an der Politik gewinnen, wenn sie klare Alternativkonzepte zur Auswahl haben. Konsens, so Mouffes Überzeugung, ist Gift für die Demokratie. Politik braucht nicht den radikalen Antagonismus, also den latenten Bürgerkrieg, aber ohne den Konflikt von Ideen dünnt sie aus – was die Demokratie erst recht in Gefahr bringt. Oder, wie Tony Judt das formuliert: »Eine Demokratie des permanenten Konsenses wird nicht lange eine Demokratie bleiben.«[81] Wenn die Bürger wieder erkennen können, wofür die Parteien der demokratischen Linken stehen, wenn diese ihnen eine erkennbare Alternative anbieten würden, dann gäbe es, salopp gesagt, nicht nur Wahlen – sondern sogar Wahlen mit einer echten Wahlmöglichkeit.

Wir brauchen auch mehr partizipatorische Elemente in unserem demokratischen System. Parteien müssen sich öffnen, und sie müssen den Bürgern das Gefühl geben, dass ihre Stimme zählt. Und zwar nicht nur in nebensächlichen Angelegenheiten wie Parkgestaltung oder Einbahnstraßenregelung, bei denen dann im Nahbereich Bürgerbeteiligung simuliert wird. Wenn der allgemeine Passivismus überwunden werden soll, muss in Kernfragen der Politik lebendige Mitbestimmung ermöglicht werden. Ein Exempel, das jeder kennt, sind die Nominierungsprozesse der Parteien vor den Präsidentschaftswahlen in den USA. Wenn hier Kandidaten zu überzeugen vermögen, können sie Hunderttausende Bürger zu den Versammlungen und Diskussionen in Rathäuser und Gemeindesäle locken und Millionen Bürger zu ihrer Stimmabgabe motivieren. Ein anderes berühmtes Exempel ist die südbrasilianische Stadt Porto Alegre, wo die Einwohner an den Haushaltsbeschlüssen beteiligt sind. Im Rahmen des »Orcanamente Participativo« legen die Bürger die Prioritäten der Politik fest und bestimmen verbindlich mit, wofür das Geld, das im Budget der Stadt ist, verwendet werden soll. Das spanische Rubí eifert diesem Modell mittlerweile nach, und auch in deutschen Städten werden gemäßigtere Varianten des »Bürgerhaushalts« ausprobiert – in Emsdetten etwa, in Hamm, in Hilden, in Castrop-Rauxel. In Köln wurde probeweise unter dem Motto »Deine Stadt – dein Geld« den Bürgern die Möglichkeit gegeben, Vorschläge für die Budgetposten »Bildung« und »Umweltschutz« einzureichen. 10000 Bürger haben sich auf irgendeine Weise beteiligt und 1254 konkrete Vorschläge unterbreitet. Von den Bürgern wurden daraufhin die Vorschläge gereiht. Jene 100 Vorschläge, die in den Augen der Bürger am umsetzungswürdigsten erschienen, wurden der

Kommunalpolitik unterbreitet. Laut einer Zwischenbilanz wurden tatsächlich rund 80 Prozent dieser Ideen umgesetzt.

Wenn die Bürger sehen, wie viel Geld da ist und welche Abwägungen zu treffen sind – soll mehr Geld für Kinderkrippen ausgegeben werden, aber welcher Budgetposten soll dann gekürzt werden? –, werden sie auch ein verantwortlicheres Verhältnis zur Politik einnehmen. Möglicherweise werden diese Partizipationsmodelle bisher vor allem von Kommunen mit knappen Kassen erprobt – weil die Politik mit Recht annimmt, dass man auf diese Weise mehr Legitimität für Budgetumschichtungen herstellen kann. Gerade schwierige und konfliktreiche Entscheidungen erhalten so Akzeptanz.

Viele Bürger sind sich sicher, dass der Staat ein bürokratisches Monstrum ist, das ihnen ihr Geld in Form von Steuerzahlungen und Abgaben abknöpft und unproduktiv in irgendwelchen dunklen Kanälen verschwinden lässt. »Wer den Staat als Monster sieht, geht davon aus, dass das ganze gute Geld … in schwarzen Löchern von Bürokratie und Politikerdiäten verschwindet«, schreibt Peter Bofinger.[82] Neokonservative und neoliberale Propagandisten wollen, dass die Bürger den Staat genau so abschätzig beurteilen. Sieht man sich aber an, wofür der Staat das Geld aufwendet, »dann findet man eigentlich kaum Positionen, bei denen man das Gefühl hat, dass das Geld nicht für die Bürger, sondern für den Staat ausgegeben wird«.[83] 25 Prozent der Staatsausgaben fließen in Renten und Hinterbliebenenrenten, knapp 14 Prozent ins Gesundheitswesen, rund 9 Prozent in die Bildung (vom Kindergarten bis zu den Universitäten), 6 Prozent in die Zinsen für die Staatsschulden, je 5 Prozent werden für Kranke bzw. Erwerbsunfähige und für Arbeitslose aufgewandt, weitere 5 Prozent für Familien (Kindergeld etwa), 3 Prozent für die öffentliche Sicherheit, 3 Prozent für den Verkehr usw.[84] Man kann durchaus der Meinung sein, dass manche Budgetposten weniger sinnvoll, manche sinnvoller sind; insbesondere ist das Steuersystem ungerecht, weil die Reichen verhältnismäßig wenig beitragen. Aber man kann kaum der Meinung sein, dass der Staat das Geld völlig sinnlos verschwendet.

Doch der Staat muss für die Bürger wesentlich transparenter werden, wenn der antipolitische Verdruss bekämpft werden soll. Bofinger: »Die Menschen müssen in einfacher Weise nachvollziehen können, wofür ihre Steuern und Abgaben ausgegeben werden. Sie müssen erkennen können, ob der Staat eine nachhaltige Politik betreibt, bei der nicht nur die Staatsverschuldung unter Kontrolle bleibt, sondern zugleich genug für die Bildung, die Infrastruktur und die Umwelt getan wird. Jeder Bürger sollte zudem für sich selbst nicht nur wissen, wie viel Geld er dem Staat gibt, sondern zugleich auch, was er an Transfers vom Staat erhält.«[85]

Viele Bürger, vor allem in unterprivilegierten Wohnbezirken, haben das Gefühl, dass sich im Grunde niemand für sie interessiert. In ihren Vierteln ballen sich die sozialen Probleme, oft ziehen hier jene Migrantengruppen ein, die materiell sehr schlecht gestellt sind, die die Sprache kaum sprechen, am Arbeitsmarkt keine Chance haben – und deren Kinder schon mit erheblichen Nachteilen ins Leben starten. Wer es sich von den alteingesessenen Bürgern leisten kann, zieht weg – zurück bleiben die Armen, schlecht Ausgebildeten, Chancenlosen beider Gruppen, der Migranten und der Alteingesessenen. Zwischen den verschiedenen Gruppen von Unterprivilegierten kommt es oft zu Konflikten. Alle zusammen fühlen sich mit ihren Problemen alleingelassen. Früher haben die großen Parteien der demokratischen Linken in solchen Vierteln für sozialen Zusammenhalt gesorgt: die Sozialdemokraten, aber auch – etwa in Italien oder Frankreich – die Kommunisten. Die Funktionäre hatten ein dichtes Netz von Vereinen aufgebaut, die Partei hatte in jedem Wohnquartier lokale Gruppen, deren Aktivisten auch meist im Viertel wohnten. Man leistete, ohne dass man das so nannte, ja sogar ohne dass man es vielleicht wollte, was man heute »Gemeinwesen«- oder »Stadtteilarbeit« nennen würde. Man organisierte die Unterprivilegierten, gab ihnen auf diese Weise die Möglichkeit, sich zu artikulieren. Sie hatten damit auch Ansprechpartner, zu denen sie gehen konnten, wenn sie ein Problem hatten. Diese lokalen Organisationen waren für die Menschen auch so etwas wie »Heimat«, Gruppen von Gleichgesinnten, in deren Kreis sie sich wohlfühlten. Es war ganz simpel einfach so, dass die Menschen sich mit ihren Problemen nicht alleingelassen fühlten.

Oft übten die örtlichen Parteifunktionäre eine – mal subtile, mal offene – soziale Kontrolle aus. Selbstverständlich hatte das auch eine autoritäre, paternalistische Schlagseite. Nicht selten benahmen sich diese Funktionäre wie kleine Lokaldiktatoren, Mini-Apparatschiks, was viele Leute abstieß – man denke nur an die karikaturhafte, aber nicht ganz realitätsferne TV-Figur des kommunistischen Dorfbürgermeisters in »Don Camillo und Peppone«. Aber alles im allem trugen diese lokalen Parteiorganisationen doch dazu bei, dass das Gemeinwesen organisiert war und die Demokratie besser funktionierte. Früher hat man diesen Funktionären womöglich vorgehalten: »Die wollen überall ihre Finger drin haben.« Heute setzt es gegenüber der Politik dagegen einen ganz anderen Vorwurf: »Die lassen sich hier nie sehen.« Und: »Die interessieren sich nicht für uns.«

Vieles vom Verdruss und dem Ressentiment gegen die

Politik speist sich aus diesem Gefühl, dass sich »die Politik« in den Augen vieler Menschen »für uns« gar nicht mehr interessiert. Dem kann man nur begegnen, wenn man vor Ort präsent ist. Und zwar nicht, indem man versucht, mit Sozialarbeit die Probleme zu verwalten. Ein viel besseres Konzept ist es, Gemeinwesenarbeit nach dem Vorbild des amerikanischen Community Organizing zu betreiben. Aber was ist das genau, »Gemeinwesenarbeit«? »Die Menschen finden, dass ihnen niemand zuhört«, sagt Renate Schnee, die das Stadtteilzentrum »Bassena« am Schöpfwerk leitet, einer Wohnblockanlage im Süden Wiens. Sie sind wütend und zornig, gewöhnen sich aber auch sehr schnell an ihre benachteiligte Lebenssituation. Anders als bei »normaler« Sozialarbeit, versucht Renate Schnee jedoch nicht nur Konflikte zu schlichten und die Bürger in ihrem Elend zu »betreuen«. Sie will sie dazu bringen, sich zusammenzutun – und damit auch die Gräben zwischen »Migranten« und »Alteingesessenen« zu überwinden. »Wir versuchen die Menschen so machtvoll zu machen, dass sie sich selbst Gehör verschaffen.« Die Bassena ist ein offiziell von der Stadt Wien organisiertes und bezahltes Stadtteilzentrum. Renate Schnee hat auch viele Konflikte mit der sozialdemokratischen Stadtverwaltung – denn Bürger, die sich auf die eigenen Beine stellen und Forderungen erheben, sind für Politiker und Beamte oft auch mühsame Bürger – mühsamer als passivierte, demoralisierte, stille Bürger. Wer aber progressive Politik will, wer will, dass sich die Bürger nicht abwenden und dass unsere Gesellschaft nicht zerfällt, muss diese Mühe aushalten.

Es gibt natürlich nicht nur ein einziges Modell für Gemeinwesenarbeit. Sie kann von der Stadtverwaltung organisiert sein – aber muss es nicht. Auch Kirchen, Parteien oder auch einfach Gruppen unabhängiger politischer

Aktivisten können sie organisieren. Auch die Ziele können variieren: Man kann sich für den Stadtteil einsetzen oder Migranten eines bestimmten Viertels gegen Rassismus aktivieren, alle Unterprivilegierten zusammenbringen, damit sie in die Lage kommen, ihre Stimme zu erheben, oder die Unterprivilegierten und die Bessergestellten zusammenführen, um sich gemeinsam dafür einzusetzen, ihre Wohngegend lebenswerter zu machen und für alle bessere Bedingungen für ein gutes Leben zu erreichen. Aber welchen Weg man auch immer wählt: Leitmotiv progressiver Politik muss einfach sein, dass sie sich für die Bürger nützlich macht – auch die frustrierten und passiven Bürger sollen sehen, dass progressive Politik für sie da ist; aber auch, dass sie ihnen nicht einfach nur das Leben verbessert, sondern sie dabei unterstützt, ihre Dinge selbst in die Hand zu nehmen. »Zur Hölle mit der Wohltätigkeit«, formulierte Saul Alinsky, ein Chicagoer Bürgerrechtler, der das Konzept des »Community Organizing« entwickelt hat. »Man kriegt nur etwas, wenn man stark genug ist – also muss man sich organisieren.« Alinskys Konzept, dass progressive Politik die Bürger in Graswurzelgruppen organisieren muss (»Hinterhof-Nachbarschaftsrat« hieß seine Dachorganisation), hat noch immer großen Einfluss auf linksliberale Politiker in den USA: Hillary Clinton hat 1969 ihre Abschlussarbeit am College über Alinsky geschrieben, und Barack Obama arbeitete in den neunziger Jahren selbst als Community Organizer in Chicago – bevor er in die Politik wechselte. Noch die Art, wie er seinen Wahlkampf organisierte, zehrte signifikant von diesen Erfahrungen.

»Change has to come from bottom up« – »Der Wandel muss von unten kommen«, hatte Obama immer wieder gesagt, und das war nicht nur Rhetorik. Als Außenseiter war er darauf angewiesen, dass sich Hunderttausende Aktivisten für ihn einsetzen. Schon sehr früh hatte seine Wahlkampagne begonnen, Graswurzelaktivisten dazu zu motivieren, sich selbst im Wahlkampf zu engagieren – ihre eigenen »Pro Obama«-Gruppen zu gründen. Da Obama nicht über jene Menge finanzkräftiger Unterstützer verfügte wie etwa seine innerparteiliche Rivalin, war er auch auf Kleinspenden von Millionen Bürgern angewiesen. Und gerade diese bescherten ihm einen Spendenrekord – er war am Ende der finanziell bestausgestattete Präsidentschaftskandidat der US-Geschichte. Gewiss: Barack Obama ist als Charismatiker eine Ausnahmeerscheinung unter den zeitgenössischen progressiven Politikern, nach acht Jahren Bush-Ära war das Land zudem polarisiert, und viele Menschen brannten auf einen Neubeginn. Aber seine Wahlkampagne zeigte, was heute möglich ist. Mit der Bewegung »Organizing for America« versucht er, die Energien und die Unterstützung für eine progressive Agenda aus der Zeit des Wahlkampfs in die Zeit seiner Präsidentschaft zu transformieren. Das ist nicht immer leicht, und wann immer Obama am hinhaltenden Widerstand des politischen Gegners scheitert oder Kompromisse eingehen muss, sind viele seiner Anhänger enttäuscht.

Aber es geht mir an dieser Stelle gar nicht so sehr um Obama, sondern darum, was man aus seiner Kampagne lernen kann.

Obama hat die Möglichkeiten des Internets genutzt wie kein Politiker zuvor – und auch wie keine politische Kampagne seither. Mit der Hilfe von Chris Hughes, einem der Gründer von Facebook, wurde die Obama-Website als »Social Network« organisiert. Jeder konnte mitmachen bei »MyBarackObama.com«, seine eigenen Veranstaltungen eintragen, seine Freunde einladen und sein »eigenes Ding« für Obama machen. Obamas Wahlkampfmanager gerierten sich dabei auch überhaupt nicht wie Kontrollfreaks, im Gegenteil. Man freute sich, wenn jemand etwas für den Kandidaten tat – und fragte nicht misstrauisch, ob der oder die denn auf Linie sei, wie das bei vielen bürokratisierten Apparatparteien der Fall ist. Natürlich ist das nicht ohne Risiko. So »enthüllte« der rechte TV-Sender Fox News, dass in einem Büro freiwilliger Obama-Helfer in Houston eine Che-Guevara-Fahne hänge – damit glaubte man den Kandidaten als gefährlichen Kommunisten enttarnt zu haben. »Das ist ein Büro Freiwilliger«, so das Statement der Kampagnenleitung, »nichts, worüber wir die Kontrolle haben.« Im Internet gäbe es eben auch »eine Menge Mist«, sagte Obamas Chefstratege David Axelrod damals, »aber es ist vor allem eine mächtige Kraft zur Demokratisierung«.[86] Von Beginn an hat die Obama-Kampagne alles daran gesetzt, so viele E-Mail-Adressen wie möglich zu sammeln – um aus ideellen Unterstützern aktive Wahlhelfer und Spender zu machen. Die großen Massenveranstaltungen mit Obama, etwa in Fußballstadien mit 70000 oder mehr Besuchern, hatten nicht zuletzt den Zweck, dass man an allen Ausgängen Wahlhelfer postieren konnte, die die Bürger nach ihren E-Mail-Adressen fragen konnten.[87]

Das Web 2.0 hat als »Mitmach-Netz« ein Potenzial für eine Demokratisierung der Demokratie, dessen Bedeutung noch gar nicht richtig begriffen worden ist. Auch progressiven Parteien fehlt oft ein elementares Verständnis für den Geist dieses neuen Mediums. So glauben sie oft, es wäre für sie schon etwas gewonnen, wenn sie mäßig interaktive Websites wie klassische One-Way-Medien nutzen können, mittels deren sie ihre PR-Botschaften ausschicken und die sie nach dem gewohnten hierarchischen Top-Down-Führungsstil kontrollieren können. Ein besonders abschreckendes Beispiel für einen solchen Anachronismus war die Online-Kampagne der deutschen Sozialdemokraten während des jüngsten Bundestagswahlkampfes. Dabei hatte Wahlkampfleiter Kajo Wasserhövel noch zu Kampagnenbeginn geprahlt: »Der Wahlkampf in den Vereinigten Staaten hat allen politisch Interessierten klar gezeigt, welche Power für eine lebendige Demokratie durch das Netz geöffnet wird. Aus meiner Sicht ist das eine Riesenchance für das Land, für die Parteien, für die Demokratie. Das Internet ist keine Einbahnstraße, sondern ein vielfältiges und dynamisches Dialogmedium – und das wollen wir nutzen.« In der Praxis hat er alle seine Online-Mitarbeiter dazu verdonnert, ihm jeden Halbsatz, der ins Netz gestellt werden sollte, vorab vorzulegen. Dass auf diese Weise jedes Leben aus der Kampagne vertrieben wurde, ist ihm offensichtlich nicht einmal klar geworden.[88] In Kombination mit dem eher blassen Spitzenkandidaten führte das dazu, dass sich praktisch niemand für die Webkampagne der SPD interessierte. Die Sozialdemokratie war im Mitmach-Netz zwar präsent – aber niemand wollte bei ihr mitmachen.

Das Netz bietet heute jedem Bürger die Möglichkeit, Kontakt aufzunehmen, seine Meinung kundzutun, sie an Freunde zu versenden. Normale, einfache Bürger können selbst Initiativen starten, und oft gelingt es ihnen, für die unwahrscheinlichsten Anliegen Tausende Menschen zu interessieren. Nicht selten wird aus einer solchen Initiative im virtuellen Raum eine Aktion in der »wirklichen Welt«. Soziale Netzwerke wie Facebook und Twitter geben heute normalen, unorganisierten Bürgern die Möglichkeit, sich mit anderen zu verbinden und diese Verbindung auch zu pflegen – nicht zuletzt für gesellschaftspolitische Anliegen. Das setzt Parteien auch einer Konkurrenz aus. Überlegen wir einmal, worin eigentlich der Sinn von politischen Parteien in der Vergangenheit bestand, was ihr Vorteil gegenüber anderen Formen der politischen Aktivität, etwa des spontanen Protestes, war: Sie hatten einen bürokratischen Apparat, mit dessen Hilfe sie den permanenten Kontakt zu ihren Mitgliedern und Sympathisanten aufrechterhalten konnten, eine Organisation, die Fäden spannte zwischen einzelnen Mitgliedern, den Funktionären, der Parteiführung. Es war vor allem diese Fähigkeit zur kontinuierlichen Organisierung, die Parteien beispielsweise von flüchtigeren politischen Bewegungen unterschied, deren Anhänger sich zeitweise um ein bestimmtes Thema scharten und sich danach wieder aus den Augen verloren. Parteiapparate hatten den hauptsächlichen Sinn, dieses »aus den Augen Verlieren« zu verhindern und eine stabile Aktivistenbasis über längere Zeit hinweg auf ein politisches Ziel hin zu organisieren. Das ist, auf andere Weise und weniger verbindlich, über das Internet und soziale Netzwerke heute auch anderen Akteuren möglich, letztendlich jeder Einzelperson.

Das »Mitmach-Netz« ist ein wichtiges Tool zur Demokratisierung der Demokratie, um sie zur »Mitmach-Demokratie« zu machen. Aber es ist kein Wunderwerkzeug, das aus sich heraus die Demokratie demokratischer macht. Es ist eine Technologie, die neue Möglichkeiten eröffnet – mehr aber nicht. Das Fazit lautet also: Progressive Politik muss vor allem die Bürger, die passiv und wütend am Rand stehen, ansprechen, sie muss sich um sie bemühen, sie muss sich für sie nützlich machen und sie ermächtigen, ihre Stimme zu erheben; wenn sie den Verdruss über »den Staat« bekämpfen will, muss sie die Bürger aktiv in die Politik einbeziehen, ihnen neue Partizipationsmöglichkeiten eröffnen. Sie hat eine Bringschuld, und sie muss alle Kanäle nützen. Und sie braucht einen langen Atem, auch wenn sich anfangs nur wenige beteiligen. Der Staat und das Regieren selbst muss transparenter werden, damit die Bürger sehen, wofür die Regierung ihr Steuergeld ausgibt; aber der Staat muss auch transparenter werden, damit nicht gerissene Netzwerker korrupt in die eigene Tasche und in die ihrer Klientel arbeiten, damit nicht Oligopole den Staat ausplündern. Lobbyisten haben als »Consulter« oder »PR-Agenten« auf der Payroll von Ministerien nichts zu suchen. Für Minister und hohe Beamte braucht es Unvereinbarkeitsklauseln, die verhindern, dass sie nach ihrem Job in der Politik direkt in Firmen wechseln können, für die sie vorher von Amts wegen zuständig waren. Und im Notfall braucht es harte finanzielle Sanktionen, damit solche Regeln auch beachtet werden. Die Parteienfinanzierung sollte so geregelt werden, dass der Einfluss mächtiger Lobbygruppen beschränkt und umgekehrt der Einfluss der normalen Bürger gestärkt wird. Spenden an Parteien müssen absolut transparent sein und eine bestimmte Höhe nicht überschreiten dürfen. Die staatliche Parteienförderung soll sich nicht nur – wie bisher etwa in Deutschland und Österreich – an den Wahlergebnissen orientieren, die Parteien sollten auch einen bestimmten Betrag an Förderung für jedes ordentliche Parteimitglied erhalten. Das würde den Anreiz für Parteien erhöhen, so viele Mitglieder wie möglich zu werben, und damit ein lebendiges demokratisches Innenleben von Parteien begünstigen.

Die Parteien der demokratischen Linken müssen zudem ihre introvertierte Orientierung auf ihr Binnenleben aufgeben und sich so öffnen, dass sie selbst zu Mitmach-Parteien werden. Machen sie das nicht, fahren sie fort wie bisher, werden sie schwächer und schwächer werden. Um das so deutlich wie möglich zu sagen: Sie haben nicht die Wahl zwischen zwei Möglichkeiten – weiter so funktionieren oder anders funktionieren. Sie haben nur die Wahl zwischen »weiter so« und scheitern oder zwischen »sich ändern« und wieder Tritt fassen. Und sie müssen den Bürgern sagen, wo sie hin wollen und ihnen eine klar konturierte Alternative zum Einheitsbrei bieten. Nur so ist es möglich, die Demokratie wieder mit Leben zu füllen.

5. Mehr Glück ins BIP!

Wir müssen die Wirtschaft wieder in Schwung bringen, den Klimawandel bekämpfen und die Unternehmen ökologisch umrüsten. Aber bei diesem »Green New Deal« dürfen wir uns nicht auf die Märkte verlassen. Dafür braucht es kluge staatliche Planung.

Erinnern Sie sich noch daran, mit welcher Verve forsche Marktfetischisten darauf hingewiesen haben, dass Old Europe gegenüber Amerika dramatisch im Produktivitätsfortschritt zurückfalle? Und dass wir deshalb dringend in Europa unsere Arbeitsmärkte deregulieren und unser Bildungssystem privatisieren und obendrein Niedriglohnsegmente einführen müssten? Zwar drängt sich, wenn wir uns auf eine Reise in eine amerikanische Großstadt begeben, nicht gerade der Eindruck auf, dass die US-Wirtschaft so »produktiv« sei – schließlich sehen wir dort überall Menschen, die relativ unproduktiven Tätigkeiten nachgehen: im Hotel zehn, zwölf Männer, die unbedingt unsere Koffer tragen wollen, im Supermarkt junge Leute, die unsere Waren in Papiertüten packen, an jeder Straßenecke drei Leute, die Hot Dogs, Getränke oder Donuts anpreisen. Hier soll nicht behauptet werden, dass das unnötige Arbeiten sind – aber besonders »produktiv« erscheinen diese vielen, gering qualifizierten Dienstleister fürwahr nicht. Und wenn wir die öffentliche Infrastruktur – Verkehrsmittel, Brücken – mit denen bei uns daheim vergleichen, haben wir womöglich den Eindruck, das »produktivste Land der Welt« zerfalle. Sogar das Internet ist im High-Tech-Land Amerika oft langsamer als bei uns zu Hause. Die Statistiken und Daten der Ökonomen bewiesen jedoch eindeutig: Das »Produktivitätswachstum« der US-Wirtschaft hängte das der europäischen Volkswirtschaften regelmäßig ab. Aber wissen Sie, worauf ein Gutteil dieses »Produktivitätsfortschritts« beruhte? Auf dem Produktivitätsfortschritt in der Finanzindustrie! Nur – wie misst man eigentlich die Produktivität von Bankern, Brokern und Kredithaien? Ganz einfach: Transaktionen pro Person und Zeiteinheit. Ein Banker, der sich mit den Renditeaussichten einer Firma intensiv beschäftigt und drei Investitionen am Tag tätigt, arbeitet »unproduktiv« – einer der pro Sekunde computerunterstützt drei Kauf- und zwei Verkaufsorders abgibt, ist dagegen sehr »produktiv«. Ein Kreditmakler, der die Bonität seines Kunden ordentlich prüft, ist »unproduktiv« – einer, der sich darum keinen Deut schert und so vielen Kunden wie möglich in kürzester Zeit Hypotheken andreht, nur um die Gebühren und Provisionen einzustreichen, der arbeitet »produktiv«.

Im Lichte der Finanzkrise darf man feststellen: Ein bisschen weniger »Produktivitätsfortschritt« und uns wäre so manches erspart geblieben.

Zahlen sind Fallen. Sie sind nicht nur Statistik, sondern auch Anreizsysteme. Sie messen nicht nur, sondern beeinflussen auch das Gemessene. Sie stacheln zu einem Wettbewerb an, jeder will so »gute« Kennziffern wie die Konkurrenz. Aber versteckt sich hinter einem »guten« Wert immer Gutes? Eine dieser fragwürdigen Kennziffern ist das BIP, das Bruttoinlandsprodukt. Es misst Güter und Dienstleistungen zu Marktpreisen. Gibt's kein Wachstum, also kein BIP-Wachstum, geht es uns schlecht, wächst es, das BIP, geht es uns gut. Aber was misst schon das BIP? Wird ein Kraftwerk gebaut, das die Umwelt verpestet, wächst das BIP. Wird ein Kraftwerk gebaut, das die Umwelt nicht verpestet, wächst das BIP auch. Wird ein Kraftwerk gebaut, das die Umwelt schont, und eines abgerissen, das die Umwelt verpestet, wächst es noch mehr. Ersteres ist schlecht, Zweiteres besser, Dritteres noch besser – aber die BIP-Kennzahl ist keine gute Maßeinheit dafür. Manche Güter werden überhaupt nicht auf dem Markt verkauft. Der Beitrag der Polizei zum BIP besteht in den Lohnzahlungen an Polizisten – was diese Polizisten »produzieren«, etwa »Sicherheit vor Überfällen«, geht in die gefühlte Wohlfahrt ein, aber nicht in die gemessene. Stehen Autofahrer im Stau, wächst das BIP, weil sie Sprit verbrauchen. In Wien wird am Tag mehr Brot weggeworfen – also berufsmäßig von Leuten, die dafür bezahlt werden, entsorgt – als in Graz gegessen. Gut fürs Wiener BIP. Das scheint Ihnen absurd? Es geht noch absurder: So schrumpft beispielsweise das BIP, wenn ein Pfarrer seine Haushälterin heiratet, weil er sie anschließend nicht mehr für ihre Dienste entlohnt. Umgekehrt lassen beispielsweise Verkehrsunfälle das BIP wachsen, weil die Reparatur von Autos für Einkommen sorgt. »Reicher, geschweige denn glücklicher, wird ein Volk dadurch nicht – ebenso wenig, wie es durch die Heirat des Geistlichen ärmer wird« (Die Zeit).

»Das BIP misst alles außer, wofür sich das Leben lohnt«, kritisierte schon 1968 Bobby Kennedy, kurz bevor er als Präsidentschaftskandidat und Hoffnungsträger der demokratischen Linken ermordet wurde. Jetzt, etwas mehr als vierzig Jahre später, hat eine 22-köpfige Kommission unter Leitung von Wirtschaftsnobelpreisträger Joseph Stiglitz und Amartya Sen vorgeschlagen, eine neue Wohlstandsmessung einzuführen, die die Wachstumsorientierung des BIP nicht aufgibt, aber ergänzt: Bildung, Lebensqualität, Lebenschancen, Nachhaltigkeit, Gesundheit etc. sollten berücksichtigt werden. Schließlich sagen die Einkommen von Ärzten und der Pharmaindustrie recht wenig über die Qualität der Gesundheitsversorgung aus. Schon ist für den neuen Index der elegante Titel des »Bruttonationalglücks« im Gespräch. Natürlich lassen sich sanfte Faktoren wie etwa »Lebenszufriedenheit« nicht so exakt messen, dass sie in einen solchen Index eingehen können – aber die durchschnittliche Lebenserwartung der Bevölkerung sehr wohl. Simpel gesagt: Heute hat eine Volkswirtschaft, die hohe Summen für ihre Gesundheitsversorgung ausgibt, weil Versicherer, Pharmaindustrie und Ärzte einen besonders hohen Anteil der Gelder in die eigene Tasche wirtschaften, ein höheres BIP als ein Land, das die Mittel effizienter einsetzt – selbst wenn das erste Land eine niedrigere Lebenserwartung hat als das zweite. In diesem Fall lassen sich die statistischen Daten relativ einfach korrigieren. Ein besonders krasses Beispiel für die Verzerrungen des BIP ist die Nichtberücksichtigung externer Kosten. In einem Land, in dem die Industrie die Wirtschaft verpestet, der Schaden aber nicht behoben wird, kann das BIP ziemlich hoch sein; in einem Land, in dem die Industrie die Wirtschaft verpestet, andere Firmen aber den Schaden wieder beheben (etwa indem sie ölverseuchte Küsten säubern), ist das BIP noch höher, aber nicht deshalb, weil die Lebensqualität in diesem Land höher ist, sondern weil die Firmen dadurch Einnahmen haben; in einem dritten Land, das durch Umweltauflagen dafür sorgt, dass die Umwelt gar nicht erst in einem solchen Maße belastet wird, ist das BIP möglicherweise niedriger als in den beiden vorher genannten Beispielen. Das ist absurd. Selbst in der Logik betriebswirtschaftlicher Buchführung ist das absurd.

Denn jeder Buchhalter einer Firma muss die »Abnützung des Betriebsvermögens« in der Bilanz verbuchen – werden Maschinen kaputt gemacht, wird die Firma ärmer. Aber ob eine Volkswirtschaft in den Tag hineinlebt und ihre Ressourcen verschwendet oder ob sie nachhaltig agiert und auch an die Zukunft denkt, wird paradoxerweise in der BIP-Rechnung überhaupt nicht bilanziert. Ob der am Markt erwirtschaftete Wohlstand gerechter oder weniger gerecht verteilt wird, findet in der BIP-Rechnung ebenfalls keine Berücksichtigung – obwohl geringere Einkommensdifferenzen nicht nur ein Indikator für mehr Gerechtigkeit, sondern auch ein deutlicher für nachhaltige Prosperität sind. Deshalb soll die Einkommensspreizung auch im neuen Wohlfahrtsindex von Stiglitz & Co. berücksichtigt werden.

Das BIP, das die reine Wirtschaftstätigkeit von Privaten und vom Staat zu Marktpreisen misst, ist keine unnütze Zahl, und es ist auch nicht bloß eine »dumme Zahl«. Die Kennziffer wurde vor achtzig Jahren eingeführt, um eine hochaggregierte Richtgröße zu haben, ohne die makroökonomische Steuerung der Wirtschaft nicht möglich wäre. Aber man muss die Zahl zu interpretieren wissen und ihre beschränkte Aussagekraft bedenken. Knapp gesagt: Das BIP misst nicht, ob es uns gut geht. Ja, es misst nicht einmal, ob die Wirtschaft auf einem stabilen Prosperitätspfad ist oder ob sich im Boom eine Blase aufbläht.

»Das Gemessene wirkt sich auf unser Handeln aus. Verwenden wir die falschen Kennzahlen, streben wir nach dem Falschen«, meint Wirtschaftsnobelpreisträger Joseph Stiglitz. »Falsch interpretierte Statistiken ziehen falsche Schlussfolgerungen nach sich. In den Jahren vor der Krise konzentrierte man sich in Europa vielerorts auf das höhere BIP-Wachstum der USA und nahm daher das amerikanische Modell als Maßstab. Hätte man sich auf Kennzahlen wie das mittlere Einkommen konzentriert – das ein besseres Bild der Lage der meisten Amerikaner zeichnet – oder die zunehmende Verschuldung der Haushalte und des Landes insgesamt in Betracht gezogen, wäre die Begeisterung wohl gedämpfter ausgefallen.«[89]

Manche schlagen schon vor, mit dem Fetisch »BIP-Wachstum« solle die Wachstumsorientierung als solche aufgegeben werden. Dafür spricht ja auch einiges: angesichts von Klimakrise und Umweltbelastung, aber auch wegen des simplen Umstandes, dass zumindest die westlichen Gesellschaften längst einen Reichtumsgrad erreicht haben, der für ein gutes Leben für alle reichen würde. Es würde uns vielleicht allen ein bisschen bessergehen, wenn wir uns mit weniger zufriedengäben. Das klingt visionär. Aber oft ist zwischen Visionär und Wirr nicht so leicht zu unterscheiden. Was, wenn die kapitalistische Marktwirtschaft ohne Wachstum schlichtweg nicht existieren kann?

Jedenfalls so simpel sind die Dinge nicht. Erstens, weil es weiter technischen Fortschritt gibt – und damit auch Rationalisierung. Das bedeutet, unter den gegenwärtigen Bedingungen würde ohne Wachstum die Arbeitslosigkeit steigen. Diesem Problem könnte man noch durch Arbeitszeitverkürzung und Umorganisation unserer Arbeitsgesellschaft begegnen. Aber die Sache erweist sich schon als komplizierter, wenn wir uns in Erinnerung rufen, wie die Wirtschaft im Kapitalismus funktioniert: Firmen nehmen Kredite auf, um zu investieren. Sie investieren auf Pump, in Erwartung künftiger wachsender Erträge, in der Hoffnung, dass diese Erträge höher sind als die Zinsbelastung durch die Schulden. Diese Rechnung geht zwar nicht für jedes Unternehmen auf, aber für die große Mehrheit der Unternehmen geht sie auf – eben wegen des Wachstums. Nicht zuletzt deshalb hat der Kapitalismus einen derartigen Reichtumsschub gebracht. Sein Betriebsmodus ist ein Wetten auf die Zukunft, eine »stetige Flucht nach vorn«. Ohne Wachstum wäre dieser Mechanismus aber nicht denkbar – ohne Wachstum würde Verschuldung einfach zur bloßen Umverteilung von Unternehmen zu Banken führen, und viele Unternehmen würden diese Belastung gar nicht überstehen. Sie würden bankrottgehen.

Wir werden also weiter so etwas wie Wachstum brauchen – »so etwas wie« ist natürlich eine etwas vage Formulierung, sie ist aber mit Absicht gewählt. Denn die Realität ist auch vage. Wir haben gehört, dass das BIP eine hochaggregierte Größe ist und ihr Wert nur eine bedingte Aussagekraft hat. Schon in den Jahren vor dem Kollaps der Finanzmärkte hatten wir in den westlichen Industriegesellschaften sehr niedrige Wachstumsraten von oft nur ein, zwei Prozent. Und in diese Wachstumsraten ging das »Wachstum« der Finanzinstitutionen, das »Wachstum« in der Immobilienbranche von Florida usw. ein. Manche Wirtschaftsexperten meinen daher, dass wir eigentlich seit ein, zwei Jahrzehnten praktisch kein Wachstum mehr haben – sondern nur mehr statistisches BIP-Wachstum. Oder eben: Wir haben nur mehr »so etwas wie Wachstum«. Unsere Wirtschaften sind nicht geschrumpft – aber sie sind auch nicht mehr nennenswert gewachsen. Dennoch haben sie nicht stagniert. Alte Fabriken wurden aufgelassen, neue aufgebaut. Alte Computer wurden ausrangiert, neue erfunden. Das Internet wurde schneller. Die Autos auch. Und so weiter. Und diesen Wandel wird es auch weiterhin geben. Produkte werden durch bessere Produkte ersetzt werden. Und das ist auch gut so. Aber wir können es uns nicht mehr leisten, diesen Wandel einfach ungesteuert geschehen zu lassen. Denn wir stehen vor einer Reihe dramatischer Probleme: Der Klimawandel gefährdet die Biosphäre, und wir wissen nicht, ob nicht weite Teile unseres Planeten unbewohnbar werden, wenn wir so weitermachen; das Bevölkerungswachstum führt dazu, dass Nahrungsmittel knapp, Wasser eine umkämpfte Ressource wird; die Energiegewinnung aus fossilen Brennstoffen wie Öl und Kohle verpestet nicht nur die Luft, diese Ressourcen werden auch knapp; gleichzeitig haben wir die tiefste Wirtschaftskrise seit achtzig Jahren, und der ökonomische Totalkollaps konnte nur durch einen bedrohlichen Anstieg der Staatsschulden abgewendet werden. Wir können gewiss kleine Reformen da, kleine Anpassungen hier vornehmen. Wir können auch darauf warten, bis »der Markt« uns sein unsichtbares Händchen reicht und die Lösungen als Überraschungsgabe serviert. Aber sehr realistisch ist das nicht.

»Um all diesen Problemen effektiv beizukommen – und um ihnen gleichzeitig beizukommen –, bedarf es einer Strategie, die heute als Schimpfwort gebraucht wird: ›*Planung*‹, schreibt der Ökonom John K. Galbraith. Nur haben wir leider von der neoliberalen Ära einen »Diskurs geerbt, in dem Syphilis, Lepra und Planung ungefähr den gleichen Stellenwert einnehmen«.[90] Aber der Staat muss planvoll steuern – die Regierungen müssen Ziele formulieren und einen Fahrplan vorgeben, wie man sie erreichen kann. Denn wir müssen in einen ökologischen Umbau investieren, der die Umwelt schont, Energie spart, und in neue Technologien, ohne die wir unseren Lebensstil nicht halten können. Für eine solche Investitionspolitik, die Arbeit schafft und ökologisch umsteuert, gibt es einen Namen: »Green New Deal«.

Green New Deal heißt, die Investitionen in nützliche Sektoren umzuleiten. Wärmedämmung, Solarenergie, Windenergie, intelligente Stromnetze. Energieeffizienz. Autos, die weniger Dreck in die Luft schleudern und weniger Benzin fressen. Das ist kein Luxusprogramm, sondern auch sozial notwendig. Hohe Energiepreise belasten die sozial Schwachen besonders stark, Nahrungsmittelknappheit trifft die Hungernden existenziell, die globale Erwärmung würde auch bei uns die Landwirtschaft in Mitleidenschaft ziehen und in der Folge die Konsumenten treffen. Wenn die Autos weniger Sprit verbrauchen, hat jeder mehr Geld in der Tasche. Und wenn wir weniger Öl verbrauchen, produzieren wir billiger. Und wir würden zudem auch noch unabhängiger von Rohstofflieferanten – also von Ländern, die oft autoritär oder von Diktatoren regiert werden.

»Wir können Gebäude mit dichteren Fenstern ausstatten und mit einer besseren Wärmedämmung versehen. Wir können Stahl mit weit weniger Eisenerz und weit weniger Wärme herstellen. Wir können Häuser bauen, deren Innentemperatur sich sehr viel effizienter auf dem gewünschten Niveau halten lässt. Wir können mehr Nahrungsmittel pro Hektar Fläche anbauen. Und für all das brauchen wir Wissen«, schreibt der amerikanische Star-Kolumnist Thomas L. Friedman in seinem Buch »Was zu tun ist«.[91] Die Energieversorgung muss intelligent und umweltschonend funktionieren und der Energieverbrauch effizient sein. Heute ist das noch sehr antiquiert organisiert, richtiggehend dumm. Die Energieproduzenten stellen Strom in Kraftwerken her, die oft die Umwelt verpesten, und speisen den Strom ins Netzwerk ein. Die Bürger nehmen sich den Strom aus der Steckdose und wissen letztendlich nicht, woher er kommt und was er kostet. Dabei gäbe es viele Möglichkeiten, Strom umweltverträglicher zu produzieren – durch Windenergie, Wasserkraft, große Solarenergiefelder in der Wüste, Solarzellen am Hausdach usw. Und auch der Energieverbrauch ließe sich viel effizienter organisieren, wenn die Stromleitungen modernisiert würden, sodass sie keine Transportverluste produzieren und so intelligent wie das Internet funktionieren würden und jeder in seinem Haus so etwas wie eine »Energie-Smart-Box« installiert hätte. Ein bisschen im Stile der utopischen Literatur beschreibt Friedman, wie das im Jahr 2020 funktionieren könnte.

ist ein schwarzer Kasten von der Größe eines Mikrowellenherds, der im Erdgeschoß angebracht ist und die integrierte Steuerung und wechselseitige Abstimmung aller Elektro-, Kommunikations- und Unterhaltungsgeräte wie auch der zugehörigen Dienste übernimmt. Dazu gehören: die Einstellung der Zimmertemperaturen und anderer veränderbarer Größen, die Beleuchtung, die Alarmanlage, Telefon, Computer und Internetverbindung, sämtliche elektrischen Geräte, alle Geräte aus dem Bereich der Unterhaltungselektronik und auch das Elektroauto mit Hybridantrieb sowie dessen Batterien. (...) Die meisten Verbraucher wissen es nicht, aber der Strommarkt ist ein sich ständig bewegender Spot-Markt, auf dem der Strompreis im Tagesverlauf ständig variiert, wobei der Höchstpreis bis zum Zehnfachen des Tiefstpreises betragen kann. Ihre einfache Monatsrechnung mit nur einem einzigen Preis für die Kilowattstunde Strom verdeckt die Turbulenz des Marktes, der sich jeden Tag von Minute zu Minute ändert, wobei die Preise jeweils von der Nachfrage abhängen.[92]

Intelligente Stromnetze können dafür sorgen, dass die Energie effizient genutzt wird – etwa indem die Steuerung im Haus so programmiert wird, dass sich manche Geräte nur in der Nacht aufladen, wenn die Nachfrage nach Energie ohnehin gering ist.

Ein solches »Energie-Internet« ist möglich, ebenso wie Autos, die nur einen Liter Benzin auf hundert Kilometer verbrauchen. Auch aus Gras und städtischem Abfall kann Biodiesel hergestellt werden – so wie heute schon aus Mais. Nur sind Gras und Müll viel nachhaltiger, weil beides erstens ohnehin anfällt und heute unproduktiv vernichtet wird und zweitens niemandem fehlt, im Unterschied zum Mais, dessen extensiver Anbau für die Energieversorgung zum Nahrungsmittelmangel für die Ärmsten der Welt beiträgt. »Analysten des Oak Ridge National Laboratory haben berechnet, dass die Vereinigten Staaten auf diese Weise genug Biomasse herstellen könnten, um ein Drittel des gesamten Ölverbrauchs zu decken«, schreibt John Podesta, der Bill Clinton als Stabschef und Barack Obama als Übergangs-Stabschef gedient hat und nun dem »Center for American Progress« vorsteht.[93] Neuerdings sind die Forscher von einer Idee speziell elektrisiert – von der Möglichkeit, Treibstoff aus Algen herzustellen. Deren Anbaugebiete wären praktisch unendlich – die Ozeane.

Brasilien war bis vor kurzem der weltweit größte Hersteller von Bioethanol, also Biodiesel (mittlerweile haben die USA Brasilien überholt). Zuletzt lag der Anteil jener Automobile, deren Motoren jeden Mix von Biodiesel und Benzin verbrennen können, bei 86 Prozent aller neu zugelassenen Kraftwagen. Ein anderes Beispiel: Laut Berechnungen des deutschen Umweltministeriums könnten bereits im Jahr 2020 78,3 Prozent des deutschen Strombedarfs durch erneuerbare Energien gedeckt werden. Erst jüngst eröffnete der Wirtschaftsminister einen Windpark in der Nordsee, der 50000 Haushalten die Energie liefert. Ein Konsortium verschiedener Stromkonzerne hatte ihn mit staatlicher Unterstützung errichtet.

All dies und noch viel mehr ist möglich. Aber die Dinge geschehen nicht von allein. Die Regierungen müssen sie fördern – immerhin sechs Milliarden Dollar hat die Obama-Regierung im laufenden Budget für die Förderung von »Clean Engergy Technologies« vorgesehen. Das ist wichtig, aber noch viel zu wenig. Regierungen müssen Unternehmen helfen und drängen, sich in der Forschung und Umrüstung zu engagieren, sie müssen die fortschrittlichen Unternehmen »belohnen« und die rückschrittlichen »bestrafen« – nicht mit blanker Gewalt oder mit dem Strafgesetzbuch in der Hand, sondern mit dem zärtlichen Argument von Steuervergünstigungen bzw. -belastungen und nachhaltigen Subventionen. Podesta: »Die Verkehrspolitik sollte ab nun darauf abzielen, die richtigen Anreize für Konsumenten und Produzenten zu liefern, um die Verbreitung von verbrauchseffizienten Fahrzeugen dramatisch zu erhöhen.«[94]

Aber oft geschieht das genaue Gegenteil: Die Regierungen geben sehr viel Geld aus, ohne dass dies irgendeine fortschrittliche Steuerungswirkung entfalten würde. Eines der abschreckendsten Beispiele war die »Verschrottungsprämie«, mit der die deutsche und die österreichische Regierung die Konjunktur in der Autoindustrie ankurbeln wollten. Während es in den USA für den Umstieg auf umweltfreundliche Autos eine Steuergutschrift von 7500 US-Dollar (5800 Euro) gibt, verzichteten die Regierungen bei uns auf jede Steuerung des Konsums, mit dem Ergebnis, dass der Anteil der gekauften Ökoautos keine fünf Prozent betrug. Zum Vergleich: In Japan ist der Prius Hybrid schon Marktführer, auch in den Niederlanden kauft ein signifikant höherer Anteil an Konsumenten Ökoautos.

Auf den Markt allein dürfen wir uns nicht verlassen, wenn wir ein besseres Wirtschaftssystem wollen. Der Markt schafft keine Gerechtigkeit, und »am Markt« setzen sich auch nicht notwendigerweise die Firmen durch, die vorausschauend handeln. Letztlich ist das ja die Vorstellung, die die Marktfundamentalisten zu verbreiten versuchen: Dass der Markt immer eine Lösung für ein Problem findet und dass er dies schneller und effizienter schafft als irgendwelche Bürokraten. Wenn die Biosphäre durch CO_2-Emissionen ruiniert und das Öl auch noch knapp wird –

dann wird »der Markt« das Problem lösen, weil vorausschauende Unternehmer eine Geschäftsmöglichkeit wittern und in nachhaltige Energieproduktion investieren, so lautet diese bestechend simple Logik. Aber das stimmt so nicht – oder nur bedingt. Natürlich gibt es heute schon viele Öko-Unternehmen, die Windkraftwerke produzieren oder Solaranlagen herstellen. Aber ihnen steht eine mächtige Lobby etablierter Energieproduzenten gegenüber. Und die Firmen, die heute »am Markt« für Energie mächtig sind, haben wenig Grund, etwas am Status quo zu ändern. Die Kosten, die sie uns allen und unseren Nachfahren aufbürden, müssen sie ja nicht bezahlen. Ihre Marktmacht haben sie überdies in der Branche, in der sie Erfahrung haben – also etwa im Ölgeschäft. Ihre Kraftwerke haben sie ja schon errichtet, und würden sie ersetzt, müssten sie sie abschalten – ihre Investition wäre aus ihrer betriebswirtschaftlichen Sicht »verschwendet«, zumindest hätte sie sich nicht wie geplant rentiert. Sie können auch nicht fix damit rechnen, dass sie nach einem Strukturwandel der Energieproduktion immer noch ein beherrschender Player sein werden. Also versuchen sie, den Strukturwandel zu behindern und zu verzögern. Dass Öl in zwanzig, dreißig Jahren knapp wird, ist für sie keineswegs ein Grund, heute schon in neue Technologien zu investieren. Solche Zeitspannen sind einfach kein Horizont, in dem Unternehmen denken. Sie kalkulieren in kürzeren Fristen – und der neoliberale Shareholder-Value-Kapitalismus hat die Kurzfristigkeit und Kurzsichtigkeit noch verstärkt. Denn jetzt zählt für jedes Unternehmen primär die jährliche Bilanz – wenn nicht der Vierteljahresbericht, den ihre Anleger mit großen Augen anstarren, als wäre er eine Art Bibel der Geschäftswelt. Investitionen in Forschung kosten Geld und drücken damit den Gewinn. Wenn sie heute den Gewinn drücken, sich aber möglicherweise erst in zwanzig Jahren rechnen, sind sie aus der Sicht von Unternehmen oft nicht viel mehr als sinnlose Geldverschwendung.

Kurzum: Keine Firma kann die großen Investitionen allein schultern, die für einen ökologischen Kurswechsel nötig sind – und viele Firmen würden es nicht einmal wollen. Es ist ja auch, wenn man es recht überlegt, eine absurde Vorstellung, dass der Markt die Probleme lösen soll, die durch die Anreizsysteme des Marktes erst produziert wurden. Der Markt mag manches können und einiges effizienter erledigen als der Staat – aber große Maßnahmen zur Umsteuerung kann er ebenso wenig aus sich heraus generieren wie einer ganzen Gesellschaft ambitionierte Ziele setzen. Dafür braucht es Regierungen, die intelligent vorgehen müssen. Sie müssen erst einmal die Menschen für diese Ziele gewinnen, ja, wenn möglich begeistern – denn sie werden diese Ziele kaum erreichen, wenn sie die Menschen zu etwas zu zwingen versuchen, und außerdem bestehen die Regierungen aus Politikern, die (wieder)gewählt werden wollen. Allerdings: Wenn sie alle Ziele sofort und ohne Zeitverlust realisieren wollen, werden sie leicht in gefährlichen Dirigismus verfallen und so tatsächlich die Kräfte schwächen, die im Innovationsgeist privater Unternehmer schlummern. Sie müssen also eher Wegmarker vorgeben und den Initiativgeist fördern, selbst massiv investieren und Investitionen, die in die gewünschte Richtung gehen, unterstützen – sei es durch staatliche Garantien, durch Subventionen etc.

Aber sie müssen die Bürger auch fordern. Regierungen, die ihre Bürger einlullen, sie zu beruhigen versuchen, dass wir ein banales »weiter so« leben können, werden weder Wesentliches voranbringen noch von den Bürgern allzu freundlich bewertet. Die Menschen wissen sehr wohl, dass es nicht einfach so weitergehen kann mit unseren Gesellschaften; sie spüren, dass »etwas« nicht stimmt; sie wenden sich von der Politik ja auch nicht desinteressiert ab, weil diese sie zu viel fordert, sondern weil diese sie zu wenig fordert. Nur auf konzertierte Art können die vielen gesellschaftlichen Probleme, die in den nächsten Jahren gelöst werden müssen, vernünftig aufeinander abgestimmt werden. Aufgrund der Wirtschaftskrise wird der Staat noch über Jahre hinaus aktiver ins Wirtschaftsgeschehen intervenieren müssen. Und dann ist es wohl sinnvoller, Investitionen zu tätigen, die uns auch künftig nützen. »Grüne« Investitionen können unser Leben qualitätsvoller machen und in Zeiten geringen Wachstums Arbeitsplätze schaffen. Staatliche Garantien für langfristige Investitionen können auch für Finanzanleger attraktiv sein, die an stabilen Renditen interessiert sind – wie etwa Pensionsfonds.

Eine der sinnvollsten Investitionen wäre es beispielsweise, das europäische Zugnetz so auszubauen, dass die Bahn eine vernünftige Alternative zum Flugzeug ist. Wien–Paris, Berlin–Madrid per Zug – warum nicht, wenn man drei oder vier Stunden nach Abfahrt an seinem Ziel angelangt ist und es jede Stunde einen Zug gibt? Die japanischen Hochgeschwindigkeitszüge schaffen etwa die Strecke von 530 Kilometern zwischen Tokyo und Kyoto in gerade einmal zwei Stunden. Die europäischen Metropolen auf ähnliche Weise miteinander zu vernetzen wäre ein lohnendes Investitionsprojekt, das den innereuropäischen Flugverkehr weitgehend ersetzen und unseren Kontinent moderner machen könnte.

Klug organisiert, können solche langfristigen staatlichen Programme also eine Win-win-Strategie sein – sie können ein Problem lösen und ein anderes Problem einer Lösung näherbringen. Viel zu oft werden schließlich heute Dinge getan, die ein Problem lösen und dabei ein anderes verschärfen. »Nur wenn der Staat stärker Einfluss nimmt, lässt sich der Strukturwandel bewerkstelligen«, meint Joseph Stiglitz. »Derartige Veränderungen haben nicht automatisch stattgefunden, und sie werden es auch in Zukunft nicht tun.«[95]

6. Eine neue Sprache

Progressive müssen lernen, über ihre Werte zu sprechen – ohne moralinsaure Predigten zu halten.

Progressive tun sich schwer, über ihre Werte zu sprechen. Sie haben, sagte Barack Obama einmal in einer Rede, eine tiefe »Angst, ›predigerhaft‹ zu wirken, aber das führt uns dazu, dass wir die Bedeutung unterschätzen, die Werte und Kultur für unsere drängendsten sozialen Probleme spielen«. Linke hassen es, den Menschen mit Moral oder gar mit Moralpredigten zu kommen. Deshalb wird in der politischen Rhetorik der Begriff der »Werte« und der »Werteorientierung« oft ganz automatisch mit konservativen Werten identifiziert. Schließlich halten die Konservativen die »Werte« immer ganz hoch: Sie geben sich als die Kraft, die an »Werten« orientiert ist, die sich dafür einsetzt, dass die »traditionellen Werte« weiterhin etwas gelten sollen, und wir alle haben ihre larmoyanten Klagen über den »Werteverlust« und den »Werteverfall« in den Ohren. Deshalb hat der Begriff »Werte« für Linke den Geruch des Pfäffischen und des Illiberalen, des moralisch Aggressiven – weil er eben seit jeher von Leuten benützt wird, die anderen Menschen vorschreiben wollen, wie sie zu leben haben.

Womöglich schwingt in der Aversion gegen Begriffe wie »Werte«, »Moral« oder »Ideale« auch ein marxistisches Erbe mit, vielleicht nicht bewusst, sondern eher als mentalitätsmäßige Schwundform. Der Marxismus hat sich ja gegen den phantastischen Idealismus eines utopischen Sozialismus durchgesetzt. Was Marx »historischen Materialismus«

nannte, wandte sich gegen sozialreformerische Träumereien, gegen Leute, die sich eine bessere Welt nur »wünschten«. Denen entgegnete er, salopp gesagt, dass das Wünschen nichts hilft, wenn die materielle Wirklichkeit und die objektiven historischen Tendenzen in eine andere Richtung weisen. Marx' Pointe war dann, dass »objektive historische Tendenzen« tatsächlich mächtige Triebkräfte in Richtung des historischen Fortschritts darstellen, dass man also zur Erreichung einer besseren Gesellschaft gar keiner Ideale bedarf. Die »inneren Widersprüche« des Kapitalismus selbst wären es, die ihn mit einem Ablaufdatum versehen. Aus der Perspektive eines orthodoxen Marxismus waren deshalb Menschen, die mit Hinweis auf »Werte« oder »Ideale« für die progressive Sache warben, humanistische Schwärmer, die die innere Logik des historischen Prozesses nicht richtig verstanden. Durchaus liebenswürdige Menschen vielleicht, aber intellektuell eben nicht ganz auf der Höhe. Hinzu kam, dass die progressiven Kräfte ganz grundsätzlich und allgemein die Unterprivilegierten organisieren wollten, damit diese für ihre »Interessen« eintreten können – damit sie sich für höhere Löhne, sichere Arbeitsbedingungen, Arbeitszeitverkürzung, gleichberechtigte Bildung, demokratische Rechte stark machen können. Aber ein solcher Kampf für die »eigenen Interessen« braucht ja keine Werte, sondern nur Einsicht in diese Interessenlage.

Dabei ist auch die Linke eine wesentlich von Werten getriebene Kraft. Sie ist nicht nur für Fairness, gleiche Chancen für Alle, für die Gleichberechtigung von Männern und Frauen, sie ist nicht nur deshalb dafür, dass auch Arme eine grundlegende materielle Ausstattung erhalten, die ihnen ein Leben in Würde erlaubt, weil das im simplen »materiellen Interesse« der Unterprivilegierten, der Armen oder gar der Frauen wäre – sondern einfach deshalb, weil das aus ihren Idealen entspringt. Menschen machen sich für etwas stark, weil sie Ideale haben und weil diese Ideale sie motivieren, bestimmte Entscheidungen zu fällen. Die Menschen treffen ihre Entscheidungen eben nicht nur auf Basis von Interessen, sondern auch auf der von Werten.

Natürlich muss ich die Entscheidungen, die ich auf Basis von Werthaltungen treffe, auch begründen und nüchternen Erwägungen aussetzen. Es reicht nicht zu sagen, ich trete für dies oder jenes ein, weil das meinem Wertegerüst entspricht. Ich werde nicht nur gut daran tun, andere von meinen Werten zu überzeugen, sondern ich werde auch gut daran tun zu erklären, warum diese Entscheidungen einen allgemeinen Nutzen bringen, auch für Leute, die andere Werte haben. Aber das ändert nichts an der Wertebegründung, ja mehr noch: Wenn ich bestimmte Werte vertrete, sollte ich sie auch vertreten, wenn der allgemeine Nutzen nicht so klar ist. Um das so simpel wie möglich zu sagen: Es ist eine ethische Haltung, die mich dazu bringt, dass ich für Gleichberechtigung, eine egalitäre Gesellschaft, dass ich gegen ungerechtfertigte Privilegien eintrete usw. Ich bin zudem fest davon überzeugt, dass eine egalitäre Gesellschaft, die allen Bürgern eine Chance gibt, für alle ein menschenwürdiges Leben und eine ordentliche materielle Ausstattung garantiert und in der alle Menschen respektvoll behandelt werden, auch eine in ökonomischer Hinsicht leistungsfähigere Gesellschaft ist. Aber selbst wenn sie das nicht wäre, wenn also der objektive, allgemeine Nutzen von Gerechtigkeit nicht so sicher wäre, würde ich dennoch nicht plötzlich für Unfairness plädieren. Ich wäre sogar für Fairness, wenn die Fairness keinen so eindeutigen Nutzen hätte. Ein Progressiver würde wohl, wenn er ehrlich ist, so argumentieren: Ich bin nicht nur gegen die Ungleichheit, weil die

Ungleichheit auf so vielfältige Weise schädlich ist, ich bin gegen die Ungleichheit, weil sie gegen meinen ethischen Kompass verstößt. Nur so kann sich die Linke, auch wenn sie für »Interessen« bestimmter Gruppen eintritt, an die Allgemeinheit richten. Wer eine bestimmte Forderung nur deshalb erhebt, weil sie seinen Interessen entspricht, der wird die Unterstützung jener erhalten, die in diesem Augenblick die gleichen Interessen haben. Breitere Unterstützung wird er aber nur dann bekommen, wenn diese Forderung als moralisch gerecht erscheint und auch von vielen jener unterstützt wird, die vielleicht in praktischer Hinsicht gar nicht betroffen sind, denen es egal sein kann oder die vielleicht sogar ganz andere Eigeninteressen haben. Insofern handelt Politik eben nicht nur und möglicherweise nicht einmal in erster Linie von Interessen, sondern mindestens so stark von Moral. Wenn ich, zumal in einer zunehmend differenzierten und partikularisierten Gesellschaft, mit einer Vielzahl an Lebenslagen und Lebensstilen bloße Interessen vertrete, dann werde ich vielleicht ein paar von meinesgleichen dafür gewinnen. Strategische Mehrheiten, die mich in die Lage bringen, tatsächlich den Gang der Dinge signifikant zu beeinflussen, werde ich aber nur dann erreichen, wenn ich dem ein moralisches Skript unterlege, eine Werteerzählung.

Um die Sache noch komplizierter zu machen, muss man ein paar Worte über das Verhältnis von Interessen und Werten sagen. Interessen und Werte sind ja enger verbunden, als man das bei einem flüchtigen Blick annehmen würde. Die marktfundamentalistische oder neokonservative These würde in diesem Zusammenhang lauten: Menschen verfolgen ihr Eigeninteresse. Der Mensch ist ein Homo oeconomicus, der auf seinen materiellen Vorteil bedacht ist, und im Grunde bewegt ihn nichts anderes. Insofern begegnen die Menschen einander vornehmlich als Konkurrenten. Für die Neokonservativen ist dies das basale Grundgesetz menschlicher Existenz, und aus dem lässt sich »Moral«, lassen sich Altruismus und das Eintreten für andere schlichtweg nicht begründen. Zu einer eigenen Art von Moral kommen sie erst auf höherer Ebene, dazu benötigen sie so etwas wie eine dialektische Volte. Und die lautet folgendermaßen: Indem alle ihren eigenen Vorteil suchen, indem sie wie wild gegeneinander konkurrieren, wird sich eine Gesellschaft dynamisch entwickeln, sodass am Ende alle mehr davon haben. Die Selbstsucht und der Eigennutz schlagen gewissermaßen zum Nutzen aller um – individuelle Laster werden zu einer kollektiven Tugend. Fast könnte man sagen: Für sie ist die Unmoral die eigentliche Moral.

Die andere – die konkurrierende – »Erzählung« ist die der Progressiven, die mir realitätstüchtiger erscheint. Demnach stimmt es gar nicht, dass die Menschen sich primär als Konkurrenten begegnen. Die sozialdarwinistische Überzeugung, dass das Leben ein Überlebenskampf ist und nur der Stärkste überlebt, trifft ja nicht einmal für das Tierreich zu. Darwin sprach nie davon, dass der »Stärkste« überlebe – sondern vom »survival of the fittest«. Das heißt aber etwas ganz anderes: Der ist am besten gerüstet, der sich am besten an seine Umweltbedingungen anpasst. Dies schließt nicht nur Konkurrenz ein, sondern auch kluge Kooperation. Erst recht gilt das für ein soziales »Tier« wie den Menschen – dessen »Umwelt« im Wesentlichen aus anderen Menschen besteht. Fast könnte man also sagen: Nicht der »Stärkste« überlebt, sondern der »Freundlichste«, also der, der am besten kooperiert und der am meisten zur Entstehung einer kooperativen Ordnung beiträgt. Evolutionsbiologen sprechen neuerdings vom »survival of the kindest«. Darwin selbst hat sich darüber Gedanken gemacht, warum in menschlichen Gemeinschaften der Kooperationsgeist sukzessive zugenommen hat, und äußerte die Ansicht, dass möglicherweise die kooperativeren frühen Menschengruppen in der Konkurrenz mit unkooperativen evolutionsbiologisch überlegen waren.

Kurzum: Menschen sind auf Zusammenarbeit und Hilfsbereitschaft gestimmt, und zwar, weil das für jeden Einzelnen viel nützlicher ist, als andauernd im Kriegszustand mit dem Nachbarn zu stehen, aber auch, weil sie ein moralisches Empfinden haben. Sie wissen, dass sie mit anderen verbunden sind. Die Menschen haben über Jahrtausende gelernt, dass es in ihrem Interesse ist, sich kooperativ zu verhalten. Ihr ethisches Empfinden lässt sich nicht trennen von ihrer über Generationen gemachten Erfahrung, wie sie ihren Interessen am besten dienen. Insofern sind Werte und Interessen keine Kategorien, die man vollends voneinander scheiden könnte. »Wir sind sowohl eine kooperative als auch eine rivalisierende Spezies«[96], schreibt der amerikanische Autor Jeremy Rifkin. Aber wir wissen auch, dass unsere »Gewinne« nicht automatisch zunehmen, wenn andere »verlieren« – sondern dass wir gemeinsam oft leichter ans Ziel kommen: »Kooperation siegt über Konkurrenz.«[97] Rifkin weiter: »Zyniker mögen behaupten, dass sich selbst hinter dem Altruismus, der extremsten Form emphatischer Anteilnahme, egoistische Motive verbergen, dass wir uns nur für andere aufopfern, um uns von eigenen Sorgen und Problemen abzulenken, weil es uns persönliche Befriedigung verschafft oder weil es unser Ansehen in der Gesellschaft hebt.«[98] Aber selbst wenn dies der Fall wäre, würde gerade das zeigen, dass sich selbst der Eigennutz den Anschein der Uneigennützigkeit geben muss, weil Menschen ein moralisches Empfinden haben, einen »sozialen Instinkt«.[99] Rifkin ruft deshalb bereits die »emphatische Zivilisation« aus.

Die These, dass die Menschen immer nur auf ihren

pekuniären Eigennutz aus sind, wird heute nicht einmal mehr von Ökonomen vertreten, wenn sie ernst genommen werden wollen. Wer heute noch die Auffassung vertritt, der Mensch sei ein Homo oeconomicus, der ist im Grunde auf dem Stand der Wissenschaft des Jahres 1930 stehen geblieben. Denn längst haben auch Forschungen von Wirtschaftswissenschaftlern ergeben, dass Menschen nur in den seltensten Fällen ihrem kleinlichen Eigennutzen nachstreben und schon gar nicht wie kühl kalkulierende Rechenmaschinen funktionieren. So haben Forscher, die herausfinden wollten, was die wirtschaftlichen Entscheidungen von Menschen in der »wirklichen Welt« bestimmt, einer Gruppe von Studenten eine simple Frage vorgelegt. Sie mögen sich vorstellen, sie könnten sich aussuchen, in welcher der beiden folgenden Welten sie leben möchten: A) in der einen Welt verdienen sie 50 000 Euro im Jahr, während das Durchschnittsgehalt ihrer Mitmenschen bei 25 000 liegt, oder B) in einer zweiten Welt, in der sie 100 000 Euro verdienen, während das Durchschnittsgehalt bei 250 000 Euro liegt. Die Mehrzahl der Probanden entschied sich für die erste Welt, in der ihr Wohlstand zwar geringer wäre, sie aber besser und nicht schlechter gestellt wären als die übrigen Menschen. Sie zogen also weniger Reichtum dem Sozialstress vor, der aus Unterprivilegiertheit resultieren würde.[100] Ähnlich signifikante Ergebnisse bringen seit Jahren die »verhaltensökonomischen« Experimente des in Zürich lehrenden Wissenschaftlers Ernst Fehr. In Versuchsanordnungen, die an der Spieltheorie orientiert sind, stellt Fehr immer wieder Gruppen von Menschen zusammen, die ökonomisch interagieren. Wenn ihnen etwa ein Investor einen Gewinn verspricht, dabei aber einen als unfair empfundenen, übertrieben hohen Anteil der Rendite für sich beansprucht, sind sie bereit, selbst auf ihren Anteil des Gewinns zu verzichten, nur um den anderen für seine beabsichtigte »Ungerechtigkeit« zu bestrafen. Beträgt der Gewinn 20 Euro und der Investor will für sich 19 Euro, ihnen aber nur einen Euro abgeben, dann ziehen sie null Euro dem einen Euro vor. Wäre der Mensch ein Homo oeconomicus, müsste er nehmen, was er kriegen kann, schließlich ist »wenig« immer noch besser als »nichts«. Aber die Menschen verhalten sich einfach nicht so. »Sie verzichten lieber auf einen Gewinn, als unfaires Verhalten ihres Gegenübers durchgehen zu lassen.«[101] Sie sind also bereit, sogar finanzielle Nachteile für sich in Kauf zu nehmen, nur um Unfairness zu bestrafen. Selbst wenn es etwas kostet, sind sie bereit, krass egoistisches Verhalten negativ zu sanktionieren. Fehr hat mit seinen Versuchen, für die er mit großen Wissenschaftspreisen überhäuft wurde, gezeigt, dass Motive der »Reziprozität« auch wirtschaftliches Verhalten massiv beeinflussen. Es stimmt also nicht, dass die Menschen auf »Eigennutz« programmiert sind.

Für Progressive bedeutet all das, dass es für sie sehr gefährlich ist, wenn sie als Vertreter von Partikularinteressen erscheinen. Man kann sich, auch wenn man vordergründig verschiedene Interessen hat, gemeinsam für etwas einsetzen, wenn man das auf Basis geteilter Werte macht. Und andererseits wird man sich, etwa als unterprivilegierte Gruppe, für seine Interessen nur dann nachhaltig starkmachen können, wenn man sie so formuliert, dass andere dies auf Basis geteilter Werte unterstützen können. »Die simple Behauptung, etwas wäre in unserem materiellen Interesse – oder es wäre gegen unser materielles Interesse –, wird die meisten von uns in den meisten Fällen nicht befriedigen. Wenn wir andere davon überzeugen wollen, dass etwas richtig oder falsch ist, brauchen wir eine Sprache, die Ziele formuliert«[102], schreibt Tony Judt. Natürlich sollten wir uns davor hüten, zu moralisieren, denn süßlicher Moralismus hat etwas Uncooles. Aber wir sollten auch nicht vergessen, dass breitere gesellschaftliche Allianzen immer von einer geteilten Moralität zusammengehalten werden, mag diese auch noch so subkutan sein. Mag jede einzelne Forderung, die aufgestellt wird, noch so plausibel begründet sein, mag sie noch so sehr den »Interessen« jener entsprechen, die sie aufstellen, so lebt sie doch ganz wesentlich von dem Wertesetting, in das sie sich – scheinbar »wie von selbst« – einfügt. Erfolgreiche Politik, sei es die »große Politik« der Mächtigen, sei es die »kleine Politik« widerständiger Netzwerke, ist immer, um das mit einem Wort des amerikanischen Linguisten George Lakoff zu sagen, »moral politics«. Sie wird zusammengehalten von einem Wertekitt.

Viele Menschen glauben, die Sprache sei »neutral«, es käme darauf an, »was« gesagt wird, nicht, »wie« es gesagt wird. Ja, manche würden sogar die Auffassung vertreten, jemand, der »große Worte« mache, der wolle betrügen, indem er Töne spuckt, anstatt über die »eigentlichen« Dinge zu sprechen. Gerade liberale und progressive Menschen, die sich oft bewusst oder unbewusst in der Tradition der Aufklärung sehen, glauben, dass es in der Politik um »die Sache« im Sinne von harten Fakten zu gehen habe und Moral etwas für Pfaffen oder Werteapostel sei; dass das Wichtige »die Politik« sei, bei der es um Sachfragen und praktische Lösungen gehe, und die Frage, wie über diese Politik geredet werde, höchstens eine Nebensache sei, die für die »Verkäufer« der Politik wichtig sei. Aber das ist falsch. Alle Politik ist Kommunikation. Wie gesprochen wird, das ist nicht die einzige wichtige Sache, aber sie ist womöglich die wichtigste Sache in der Politik. Wer prägt, *wie* gesprochen wird, der bestimmt letztlich auch, *worüber* gesprochen wird.[103] Und umgekehrt gilt: Wer bestimmt, *worüber* gesprochen wird (also was als das drängendste Problem einer Gesellschaft definiert wird), der präjudiziert, wie die Debatte ausgeht.

Barack Obama hat so viele Menschen elektrisiert, weil er eine Sprache in die Politik (wieder)eingeführt hat, die man schon lange nicht mehr gehört hatte: Er hat metaphernreich und ohne falsche Scheu das moralische Empfinden der Bürger mobilisiert. Er hat über die prinzipiellen Dinge gesprochen – und damit viele Menschen aus ihrer Lethargie geweckt, Menschen, die schon lange das Gefühl hatten, dass in der Politik nicht mehr über die eigentlich wichtigen Dinge gesprochen, dass um den heißen Brei herumgeredet wird; dass Politiker in das Formelhafte flüchten, um über heikle Themen oder Probleme, die so groß sind, dass man sie nicht lösen kann, nicht sprechen zu müssen. Er hat, kurzum, klargemacht, wofür er steht. »Die Zeit der Identitätskrise unserer Partei ist vorbei. Lasst euch von niemandem einreden, wir wüssten nicht, wofür wir stehen, und glaubt nicht selbst daran.« Er hat die Dinge ganz einfach formuliert: »Ich denke, wir sollten mehr Steuer-Dollars in die Ausbildung von Mädchen und Jungen stecken.« Oder: »Es ist die Kleinheit – und die Kleinlichkeit – unserer Politik, die uns lähmt. Die Vorstellung, dass manche Probleme zu groß sind, um sie anzugehen, und dass sie, wenn man sie nur ignoriert, früher oder später verschwinden werden.« Oder auch: »Wir können so weitermachen. Aber wir können auch sagen: diesmal nicht.« Und beinahe schon legendär ist seine Wendung aus seiner Rede auf dem Parteitag der Demokraten in Boston 2004, mit der er wie eine Erscheinung auf die Bühne der amerikanischen Politik trat: »Neben unserem berühmten Individualismus gibt es noch eine andere Zutat zur großen amerikanischen Erzählung, den Glauben, dass wir alle als ein Volk miteinander verbunden sind. Wenn es da ein Kind gibt in der Southside of

Chicago, das nicht lesen kann, dann betrifft mich das, auch wenn das nicht mein Kind ist. Und wenn es einen Rentner gibt, der seine Rezepte nicht bezahlen kann und der sich zwischen seiner Medizin und seiner Miete entscheiden muss, dann macht das auch mein Leben ärmer, auch wenn das nicht mein Opa ist.«

Viele haben während der US-Vorwahlen die Nase gerümpft, Obama sei »nur« ein guter Redner, er käme den Leuten mit rhetorischem Wischiwaschi, ja, er würde sogar mit seiner Beschwörung gemeinsamer Werte die tiefen Gräben zwischen dem rechten und dem progressiven Amerika einebnen.

Selbstverständlich ist es mit Reden nicht getan. Man braucht Konzepte und den Mut, sie gegen Widerstand durchzusetzen, man braucht organisatorisches Geschick und mitunter auch Härte – denn die konservativen und rechtsextremen Parteien, die progressiver Politik andauernd Steine in den Weg legen, lassen sich nicht besänftigen, indem man ihnen Streicheleinheiten verpasst, und auch die mächtigen Wirtschaftslobbys werden ihre Privilegien nicht kampflos aufgeben, wenn man ihnen nur gut zuredet. Vielleicht ist Obama als Präsident manchmal zu sanft, vielleicht hat er sich auch mit ein paar falschen Leuten umgeben, und er ist bestimmt auch nicht das, was jemand wie, sagen wir einmal, Sarah Wagenknecht unter einem Linken versteht. Aber darum geht es hier gar nicht. Worum es hier geht, ist, dass die Akteure der demokratischen Linken auch eine neue Sprache finden müssen, wenn sie die Bürger für eine neue Politik gewinnen wollen. Denn den Politjargon, der sich in den letzten Jahren eingeschliffen hat, den können die nicht mehr hören; all das technokratische Klimbim, kombiniert mit PR-Sprache und den NLP-Sätzen, mit denen Menschen schroff ins Gesicht gelogen wird; all das kleinliche Gerede und all die

Wahlkämpfe über Nebensächlichkeiten; und auch die Appelle an die niedrigen Instinkte. Sehr viele Menschen haben diese Art von Politik einfach satt.

Das kann nicht heißen, eine dumme Form von Politjargon durch einen klügeren Politjargon zu substituieren, die doofen Marketingslogans, die an den Menschen abprallen, durch eine ausgeklügelte Sprache zu ersetzen, mit der man gewissermaßen »auf leisen Sohlen ins Gehirn« der Menschen eindringt – um einen Buchtitel von George Lakoff zu paraphrasieren. Nach Jahrzehnten des Spindoktoren-Unwesens reagieren viele frustrierte Bürger schon allergisch darauf, wenn man Überlegungen über eine neue Sprache für die Linke anstellt. Sie sagen dann etwa: »Die Politiker sollen aufhören, sich dauernd Gedanken über die Sprache zu machen, mit der sie den Bürgern etwas verkaufen wollen – sie sollen lieber einmal eine werteorientierte Politik machen, ihre Werte leben und überzeugende Lösungen präsentieren. Die Menschen würden es schätzen, egal, welche Worte man dann dafür findet.« Aber das ist wahr und falsch zugleich. Wahr daran ist: Wer keine Ideen hat oder ohne festen Wertekompass herumlaviert und das mit großem Wortklimbim zu verdecken versucht, der wird keinen nachhaltigen Erfolg haben und die Bürger oft noch viel mehr frustrieren und abschrecken. Falsch daran ist aber: Ohne die richtigen Worte wird es auch keine richtige Politik geben. Schon allein deshalb, weil man »Werte« nicht einfach so hat – es gibt keine Werte ohne Worte. Unser moralisches Empfinden ist durch Geschichten modelliert, teilweise durch Geschichten, die seit Jahrhunderten erzählt werden; oder durch Geschichten, die uns unsere Eltern erzählt haben; oder durch Geschichten, die in den Teenagerjahren für uns wichtig waren; auch Vorbilder sind für uns wichtig, die moralischen Entscheidungen etwa, die andere Menschen getroffen haben – und von denen wir aus Büchern, aus dem Fernsehen, aus anderen Medien wissen. Selbst demonstrative moralische Handlungen können in den meisten Fällen ohne »Kommentar« nicht auskommen – also ohne die Verständigung darüber, *warum* man in dieser Situation so handelt und nicht anders. Wir können anderen unsere Werte nur verständlich machen durch Kommunikation. Das gilt für den politischen Meinungsstreit, die ideologischen Diskurse ebenso wie für simple Alltagsgespräche.

Machen wir uns nichts vor: Letztendlich haben heute alle progressiven Milieus ein Kommunikationsproblem, nicht nur die sozialdemokratischen Parteien, über deren aseptische Politsprache sich viele lustig machen. Ähnliches gilt für die radikaleren Linksparteien mit ihren oft leeren halbstarken Worthülsen und ihrer toten Klassenkampfrhetorik aus den zwanziger Jahren des vergangenen Jahrhunderts oder für die Gewerkschaften mit ihrem Funktionärs-Sprech und auf andere Weise für linke Intellektuellenmilieus, für manche NGOs und antirassistische Aktivistengruppen mit ihren aseptischen, hermetischen Wortgirlanden, die ohne Begriffe wie »Multitude«, »Diversity«, »Biopolitik« und »radikale Intervention« nicht auskommen. Jede dieser Sprachen ist bestens geeignet, die kleinen Truppen der jeweiligen Gesinnungsgruppen auf einen gemeinsamen Jargon zu stimmen und von anderen Milieus abzugrenzen, aber völlig ungeeignet, über die überschaubaren Häuflein hinaus große Bevölkerungsgruppen für eine progressive Politik zu gewinnen, einen moralischen Referenzpunkt zu bilden, ein Ferment gewissermaßen, das einen neuen ethischen Block, eine progressive Mehrheit zusammenhält.

Progressive Politik fängt mit Sprache an.

Schluss

Kooperation, Kreativität, Gleichheit – Schlüsselbegriffe für eine neue progressive Ära

Wir haben verlernt, über die Dinge auf eine fruchtbare Weise zu sprechen. Man hat uns das förmlich antrainiert. Wenn über politische Maßnahmen gesprochen wird, lautet die erste Frage, die wir zu beantworten haben: Sind sie auch effizient? Wie wirken sie sich auf das Wirtschaftswachstum und die Wettbewerbsfähigkeit aus? Wenn wir über die Ausbildung unserer Kinder, über Schüler und Studenten sprechen, dann ist die erste Frage: Welche Qualifikationen braucht der Arbeitsmarkt von morgen? Macht unser Bildungssystem die jungen Leute auch wirklich »fit« für den flexiblen Arbeitsmarkt und die Wissensgesellschaft? Firmen, die große Gewinne in ihren Bilanzen ausweisen können, gelten als große Nummern – egal, was sie produzieren. Manager, die ihren Shareholdern satte Renditen beschaffen, sind die Kings der Welt – egal, ob ihren Erfolgen ein nachhaltiges Geschäftsmodell zugrunde liegt; egal, ob ihre Firmen etwas produzieren, was für die Menschen nützlich ist; egal, ob sie unsere Welt damit besser oder schlechter machen. Wir orientieren uns an Wachstumsraten, Zahlenreihen und Diagrammen, in denen der Bau von Gefängnissen als gewaltiger Wohlstandszuwachs verbucht ist, die Arbeit eines schlecht bezahlten Sozialarbeiters oder einer Lehrerin, die sich Tag für Tag mit unseren Kindern abmüht, aber nur als geringer Beitrag zum allgemeinen Reichtum in die Bilanz eingeht. Wir starren auf Dax- und Börsenkurse und werden im Hauptabendprogramm mit dem Voodoo-Zauber der Wertpapierentwicklungen bombardiert, als hätte das Auf und Ab der Kurse irgendeinen Einfluss auf unser Wohlergehen und als hätten kurzfristige kleine Kursentwicklungen irgendeine signifikante Aussagekraft über irgendetwas. Man redet uns seit Jahren ein, dass ein öffentliches Verkehrssystem, dessen Züge oder Busse auch entlegene Orte anfahren und dessen Infrastrukturinvestitionen von der Allgemeinheit über Steuern finanziert wurden, in hohem Maße »ineffizient« sei, wohingegen es eine »Effizienzsteigerung« brächte, wenn private Investoren künftig sichere Gewinne machen können – indem sie diese Infrastrukturinvestitionen, die sie nicht tätigen mussten, einfach benutzen und nur noch die stark frequentierten profitablen Routen befahren. »Wir haben uns in den vergangenen dreißig Jahren daran gewöhnt, nur mehr in Kategorien von Gewinn und Verlust zu denken, wenn wir uns gefragt haben, ob wir einen politischen Vorschlag unterstützen oder nicht – in ökonomischen Kategorien im engsten Sinne. Aber das ist keine instinktive menschliche Reaktion: es ist eine angelernte Sache.«[104]

Wer leise angemerkt hat, das sei doch eine irgendwie kranke Art, die Welt zu betrachten, wurde meist als idealistischer Schwärmer abgetan und mit dem Hinweis abgefertigt, die Menschen seien nun einmal konkurrenzlerisch und bloß auf ihren Vorteil und materiellen Eigennutz bedacht, daher sei in der wirklichen Welt kein Platz für Empathie, Kooperation und sonstige schöne Dinge aus den Ethiklehrbüchern. Wer dennoch keine Ruhe gab, dem wurde in schneidigem Ton erklärt, man habe einfach einzusehen, dass sich eine Volkswirtschaft und damit eine Gesellschaft nun einmal besser entwickle, wenn sie als Wettkampf »jeder gegen jeden« organisiert ist, und wer das nicht begreifen wolle, der verstehe eben nichts von

Wirtschaft – wie all diese Sozis und die moralisierenden Gutmenschen, die man deshalb nicht an die Schalthebel lassen dürfe, weil die nur den Reichtum verteilen würden, bis keiner mehr da ist. Und viel zu viele von uns haben unfroh, aber einsichtig genickt dazu, obwohl es den meisten unserer Alltagserfahrungen völlig widersprach.

Denn die allermeisten von uns haben die Erfahrung gemacht, dass man dann am meisten am Arbeitsplatz leistet, wenn man gerne in die Firma geht, wenn man mit Kollegen kooperativ und freundschaftlich zusammenarbeitet, und dass die Arbeitslust – und damit auch die Qualität der geleisteten Arbeit – rasant sinkt, wenn jeder für sich und alle gegeneinander arbeiten. Auch viele große Unternehmen wissen längst, dass es sich für sie nicht unbedingt rechnet, die Kosten um jeden Preis zu senken, die Umwelt zu schädigen oder Menschen in Zulieferbetrieben in der Dritten Welt auszubeuten – weil sie motivierte Mitarbeiter brauchen, die sich nicht für ihre Firma schämen.

Klar, die Menschen konkurrieren oft auch gegeneinander. Der österreichische Skikaiser Hermann Maier wäre sicher langsamer den Berg hinuntergefahren, wenn er nicht ein Konkurrenzgefühl gehabt hätte, und auch ein Fußballer wie Bastian Schweinsteiger wäre wohl nicht weit gekommen, hätte er keine Freude daran, ein Dribbelduell zu gewinnen. Viele Menschen leisten Tolles, weil sie sich in einem Wettbewerb mit anderen fühlen. Aber wir wissen natürlich auch: Konkurrenz ist nicht alles im Leben. Und wir wissen noch etwas: Wir tun nicht nur dann etwas für andere, wenn die uns dafür bezahlen. Manchmal, im privaten Leben, helfen wir aus purer Hilfsbereitschaft, aus reinem Altruismus, weil das »irgendein« moralisches Gefühl in uns von uns verlangt. Jenseits des Privaten gibt es viele feine Abstufungen dieser Haltung, selbst in der eigentlichen Sphäre des Ökonomischen. Da gibt es den Software-Ingenieur, der bei Google gut verdient und in seiner Freizeit gratis das Netzwerk seiner Lieblings-NGO wartet. Neben der Kaufökonomie hat sich längst so etwas wie eine Gefälligkeits-, Hilfs- und Gratisökonomie etabliert, die mehr und mehr Menschen wie selbstverständlich nutzen. Wer kennt denn wirklich viele Leute, die ihre Berufswahl allein – oder auch nur vorwiegend – aus Gründen der »Karrierechancenoptimierung« oder der Erzielung maximaler Einkommen treffen? Viel häufiger begegnet man doch Menschen, die sich einen Job wünschen, den sie als »sinnvoll« oder »erfüllend« erleben. Nicht selten nehmen Menschen sogar Einkommenseinbußen in Kauf, weil sie eine spannende, kreative Tätigkeit vorziehen, die ihren Interessen und Talenten entspricht. Ja, und selbst wenn wir einräumen wollen, dass Menschen sehr oft und bei vielen Handlungen durchaus ein Auge auf ihren persönlichen »Nutzen« haben, erschöpft sich der »Nutzen« keineswegs in kleinlichen materiellen Vorteilen. Menschen wollen nicht nur viel Geld, sie wollen auch respektiert werden, sie wollen Anerkennung genießen, sie denken womöglich sogar, dass es ihnen langfristig einen materiellen Vorteil bringt, wenn sie sich nicht dauernd wie konkurrenzlerische Egos verhalten (mit denen irgendwann niemand mehr eine Geschäftsbeziehung unterhalten will, von freundschaftlichen Beziehungen ganz zu schweigen). Es gibt also, selbst bei Nutzenserwägungen, eine Vielzahl an Facetten.

Kurzum: In der wirklichen Welt ist der Homo oeconomicus ein mysteriöses Gespenst, dessen Existenz ständig behauptet wird, dem man aber verdammt selten begegnet – um ehrlich zu sein, ist er außerhalb von Investmentbanken nicht viel häufiger anzutreffen als der Yeti.

Dennoch glauben viele Menschen immer noch, dass die Welt eben so funktioniert, wie es die neoliberalen Propheten predigen. Ihr Missbehagen behandeln sie aber gewissermaßen wie ihr eigenes Unwohlsein, das leider keine allgemeine Relevanz habe. »Die meisten Menschen stimmen im Grunde den Maximen der Fairness und der Gleichbehandlung zu,« schreiben Richard Wilkinson und Kate Pickett, »doch bleibt dies eher ihre persönliche Überzeugung, weil sie glauben, dass andere ihre Meinung nicht teilen. Es lässt sich aber immer besser belegen, dass die Gesellschaft aufgrund der Ungleichheit Schaden nimmt.«[105]

Wir neigen auch dazu, Dinge als naturgegeben und Geschehnisse als logische historische Prozesse zu betrachten – vor allem retrospektiv erscheint alles oft sehr logisch. Dass nach 1945 die westlichen, kapitalistischen Marktwirtschaften immer egalitärer wurden und auch die kleinen Leute am ökonomischen Fortschritt beteiligt wurden, erscheint uns »logisch« – weil uns einfach plausibel erscheint, dass in den USA und Großbritannien während und in Europa nach dem Krieg, dem ja eine schwere Wirtschaftskrise vorausging, der Kapitalismus ein Legitimationsproblem hatte und deshalb den Menschen glaubwürdig Prosperität versprechen und dieses Versprechen auch halten musste (und es würden uns bestimmt noch fünf andere Gründe einfallen). Genauso plausibel können wir retrospektiv erklären, warum ab Mitte der siebziger Jahre unsere Gesellschaften immer ungleicher wurden, sodass wir uns heute egalitärere Gesellschaften kaum mehr vorstellen können. Aber diese »Plausibilität« des historischen Prozesses ist eine Falle. Denn es gibt immer mehrere Möglichkeiten. In den vierziger Jahren wurde der Kapitalismus nicht »automatisch« gezähmt – diese Zähmung war das Werk weitsichtiger und überzeugender Politiker und vieler Männer und Frauen, die sich dafür eingesetzt haben. Und der fatale Irrweg, den die westlichen Gesellschaften nach Jahren stabiler Prosperität eingeschlagen haben, war ebenso wenig alternativlos. Jedes Geschehnis ist von historischen Tendenzen vorbereitet, und insofern scheint jedes Ereignis retrospektiv irgendwie logisch – sogar Geschehnisse, die, bevor sie eintraten, hochgradig unwahrscheinlich erschienen wie etwa der Fall des Eisernen Vorhangs. Um das zu illustrieren: Sollte unsere Marktwirtschaft in der gegenwärtigen Krise, wegen der Überschuldung der Banken und der privaten Haushalte und der wachsenden Defizite der Staaten, in einem großen Dominoeffekt zusammenbrechen, sodass wir morgen in den rauchenden Ruinen des globalen Turbokapitalismus sitzen, dann werden wir in zehn Jahren sehr gut erklären können, warum es so kommen musste; wenn es aber umgekehrt progressiven Kräften gelingt, den Räuber- und Kleptokapitalismus zu bändigen und wieder ein egalitäreres System zu etablieren, werden wir in zehn Jahren ebenso gut erklären können, warum diese Kehrtwende die »logische« Folge des vorangegangenen Desasters war.

Das ist es, was Tony Judt die »Kontingenz in der Politik« nennt: »Weder der Aufstieg des Wohlfahrtsstaates noch sein kontinuierlicher Fall sollte als Geschenk der Geschichte betrachtet werden.«[106] Wie immer ein historischer Prozess verläuft, er macht viele Beobachter ein wenig blind für die Alternativen – man betrachtet andere Wege als »unrealistisch«, und sie sind es dann auch, weil sich niemand mehr für sie einsetzt. Auch die Reduktion oder das Wachstum der Ungleichheit ist, fügt Judt hinzu, selbsterklärend und selbstverstärkend: »Je gleicher eine Gesellschaft wird, ein umso größeres Maß an Gleichheit halten wir für möglich. Und umgekehrt haben dreißig Jahre der wachsenden Ungleichheit vor allem die Briten und Amerikaner davon überzeugt, dass dies eben eine natürliche Tatsache des Lebens sei, gegen die wir nichts tun können.«[107]

Aber es ist nicht wahr, dass sich historische Prozesse alternativlos, schier automatisch vollziehen. Es gibt immer verschiedene Möglichkeiten, und es hängt von den Menschen ab, für welche sie sich einsetzen – oder auch nicht einsetzen.

Manche Dinge sind jedoch nicht im Horizont des historisch Möglichen. So ist es beispielsweise nicht möglich, im zweiten Jahrzehnt des neuen Jahrtausends einfach so weiterzumachen wie in den Jahrzehnten davor. Der deregulierte, von Finanzmärkten dominierte Kapitalismus hat dieses Wirtschaftssystem an den Rand des Kollapses gebracht. Finanzkrisen gibt es seit Jahrhunderten. Sie hatten oft dramatische Konsequenzen, und ihnen folgte praktisch immer ein Jahrzehnt schwachen Wachstums, endemischer Armut, hoher Arbeitslosigkeit. Aber die Krise, die wir durchleben, ist eine tiefere, eine dramatischere als bisherige Krisen. Zunächst ist sie eine globale Finanzkrise; und außerdem ist sie in vielen Volkswirtschaften eine Banken- und eine Staatsschuldenkrise zugleich. Die Finanzinstitutionen – Banken, Investmentbanken, Fonds – haben über Jahre hinweg, im Vertrauen auf einen anhaltenden Boom und angelockt von hohen Renditen, mit einem immer höheren Maß an Fremdkapital operiert, und als die Blase platzte, war das Finanzsystem als Ganzes hoffnungslos überschuldet – ja, selbst jene Finanzinstitutionen, die »ordentlich« gewirtschaftet haben, gerieten wegen des allgemeinen Werteverfalls in eine gefährliche Schieflage. In einer ersten Notoperation haben die Regierungen den Banken ihre Schulden de facto abgenommen und zudem Tausende Milliarden Dollar und Euro in die Wirtschaft gepumpt, die in eine schwere Depression zu schlittern drohte. Das Resultat all dessen ist ein dramatischer Anstieg der Staatsschulden, während die wirtschaftliche Situation der Banken noch immer angespannt ist. All das ist in keiner Weise überraschend. Die amerikanischen Wirtschaftsforscher Carmen M. Reinhart und Kenneth S. Rogoff haben in einer breit angelegten Studie über die Geschichte von Finanzkrisen gezeigt, dass in der Folge solcher Finanzmarktdesaster im Schnitt die Staatsschulden um 86 Prozent zunahmen.[108] Die globale Dimension unseres Desasters gibt dem eine besondere Brisanz. Normalerweise ist eine Staatspleite nur für den Staat ein Problem, den es betrifft, und für die Investoren, die das Geld verlieren, das sie diesem Staat geliehen haben. Heute, angesichts der Überschuldung vieler Banken, würde aber bereits die Pleite nur eines nennenswerten Staates möglicherweise in einer Kettenreaktion viele Finanzinstitutionen mit ins Loch reißen, die Anleihen dieses Staates halten. Die Globalisierung des Problems und die Verschränkung von Banken- und Staatsschuldenkrise machen die Situation heute besonders gefährlich.

Im Grunde stellt sich die Sache so dar: Die Finanzinstitutionen sind praktisch überall überschuldet und müssen Verbindlichkeiten abbauen – kurzum: sparen. In vielen Staaten müssen auch die privaten Haushalte, die im Boom auf Pump eingekauft haben, ihren Lebensstandard einschränken. Die meisten Staaten müssen ihre Haushalte in den kommenden Jahren ebenfalls konsolidieren – besonders hart betroffene Staaten, die auf den Finanzmärkten jetzt schon Schwierigkeiten haben, frisches Geld aufzutreiben (salopp gesagt: die praktisch bankrott oder zumindest pleitegefährdet sind), müssen auf dramatische Weise konsolidieren. Wie in einer solchen Gemengelage neue Prosperität und damit das »Herauswachsen« aus der Überschuldung möglich sein soll, weiß im Grunde niemand.

Bisher haben die einfachen Leute die Zeche bezahlt. Mit dem Steuergeld, das in praktisch allen Ländern der Welt vor allem durch Einkommenssteuern normaler Beschäftigter und durch Verbrauchersteuern (die Niedrigverdiener überdurchschnittlich stark belasten) eingenommen werden, wurden die Rettungsprogramme für die Banken finanziert. Aber Banken zu retten heißt nicht nur, wichtige Institutionen für die Wirtschaft aufzufangen (weshalb es zu den Notprogrammen keine gute Alternative gab), es heißt auch, die Finanzvermögen der Besitzenden zu retten. Die Besitzer der großen Finanzvermögen tragen vergleichsweise wenig zum Steueraufkommen bei, haben aber in überproportionalem Maße von den Rettungsprogrammen profitiert (und sie haben, wie schon gezeigt wurde, daran auch noch verdient, weil sie es ja sind, die den Staaten Geld via Kauf von Staatsanleihen borgen und dafür Zinsen kassieren). Das ist eine himmelschreiende Ungerechtigkeit, deren Perfidie ins Absurde gedreht wird, denn wenn jemand höhere Vermögenssteuern vorschlägt, wird ihm vorgehalten, er schüre eine »Neiddebatte«. Worin der »Neid« bestehen soll, wenn man es nur für fair hält, dass Vermögende von ihren Finanzgewinnen einen zumindest ebenso großen Anteil an Steuern und Abgaben abführen wie die Bezieher kleiner Gehaltseinkommen, hat freilich noch niemand erklären können. Dabei ist es doch vielmehr umgekehrt so: Die Vorstellung, es stünde einem Reichen aus irgendwelchen Gründen zu, weniger beizutragen als ein einfacher Lohnempfänger, ist Ausdruck von Schamlosigkeit und Hochnäsigkeit. In Wirklichkeit ist der Begriff Neid dafür angemessen.

Diese Ungerechtigkeit ist übrigens auch vor dem kapitalistischen Marktprinzip nur schwer zu rechtfertigen, da sie einer jener Fälle von »Moral Hazard« ist, bei denen Investoren nur die positiven Eventualitäten ihres Investments, aber nie die negativen tragen müssen. Denn die oft hohen Zinsgewinne für ihre Geldanlagen werden ja mit dem unternehmerischen Risiko begründet, das ein Kreditgeber trägt – de facto trägt er aber kein Risiko, wenn sein Investment in jedem Fall und zu hundert Prozent allein durch Steuergeld fremder Menschen gerettet wird.

All das spricht aus moralischen Gründen dafür, den Besitzern hoher Vermögen einen weit größeren Anteil an den Krisenkosten zu verrechnen. Da dies ein Weg zu einer egalitäreren – und damit besseren – Gesellschaft wäre, hätte es auch positive gesellschaftliche Auswirkungen. Vor allem aber gibt es angesichts der Tiefe der Krise, in der wir stecken, keine wirklich vernünftige ökonomische Alternative. Um das so simpel wie möglich zu sagen: Es wird uns kaum etwas anderes übrig bleiben, als die großen Vermögen massiv abzuschöpfen – und zwar einfach aus der wirtschaftlichen Not heraus.

Denn wenn jetzt immer mehr Regierungen beginnen, die Staatsausgaben einzuschränken, während die Banken Kredite weiter restriktiv vergeben und auch die privaten Konsumenten ihr Geld nicht ausgeben, wäre ein wirtschaftlicher Absturz die Folge, dessen Ausmaße wir uns gar nicht vorstellen können. Gleichzeitig ist es für die meisten Regierungen aber keine gute Option – und für manche Regierungen sogar unmöglich –, weitere Schulden aufzubauen. Man muss also die Staatseinnahmen erhöhen und die Schuldenrückzahlung auf eine Weise bewerkstelligen, die die Wirtschaft nicht abwürgt. Das geht allein mittels Vermögenssteuern. Und angesichts der dramatischen Überschuldung des Finanzsektors wird man mit kleinen symbolischen Beträgen nicht auskommen.

Dagegen ist es ökonomisch widersinnig, die Staatsfinanzen, wie konservative und neoliberale Leitartikler vorschlagen und viele Regierungen bereits in die Tat umsetzen, über die Kürzung von Sozialausgaben und Pensionen zu finanzieren. Dies hätte nur eine weitere Rezession zur Folge mit noch mehr Arbeitslosigkeit, noch mehr Steuerausfällen – die Wirtschaft würde kaputtgespart und das Konsolidierungsziel erst recht nicht erreicht. Es wäre aber auch ethisch nicht zu rechtfertigen, auf solch skrupellose Weise die Verluste des Finanzsektors allein den einfachen Bürgern aufzuhalsen. Bisher spüren viele Menschen die Krise nicht. Würde die Rechnung solcherart beglichen, würden die normalen Bürger auf Jahre hinaus die Kosten spüren, während die Besitzer von Finanzvermögen ihr Geld ins Trockene gebracht haben. Es würde zu noch mehr Wut, noch mehr Desintegration unserer Gesellschaften führen – möglicherweise zu regelrechten Aufständen. In den Reihen der gesellschaftlichen und ökonomischen Eliten sind übrigens viele klug genug, zu wissen, dass ihnen der ganze Laden um die Ohren fliegt, wenn sie nicht bereit sind, einen Teil ihrer Privilegien abzugeben.

Es geht nicht darum, sich an den Besitzenden zu »rächen« – wären deren Vermögen gesellschaftlich nützlich (oder würde es zumindest nichts schaden), könnte man es ihnen getrost gönnen. Aber die Vermögensungleichheiten zerreißen die Gesellschaften und destabilisieren die Ökonomie. Und wir müssen die Ressourcen nun einmal aufbringen, die nötig sind, den Schaden zu reparieren, den eine außer Rand und Band geratene Finanzindustrie angerichtet hat. In einer solchen Lage können wir uns die Reichen einfach nicht mehr leisten, wir können ihre Privilegien nicht mehr finanzieren.

Massive Vermögenssteuern hätten einen Umverteilungseffekt – auch wenn ihr ökonomischer Zweck zunächst einmal darin besteht, die Gelder zu beschaffen, die nötig sind, um die Volkswirtschaften wieder flottzukriegen. Aber dabei sollten wir es nicht belassen. Wir sollten uns ein paar Fragen darüber hinaus stellen: Was haben wir aus unserer Welt gemacht? Sind unsere Gesellschaften in einem Zustand, den wir als optimal und lebenswert für alle betrachten können? Werden sie dem Ziel gerecht, das möglichst größte Glück für die möglichst größte Zahl von Menschen zu realisieren? Wie wollen wir leben?

Wettbewerb, Individualismus und Ungleichheit – das waren die Bausteine der Ideologie, die die vergangenen zwanzig Jahre prägten. Sie erwiesen sich nicht nur als dysfunktional für eine stabil prosperierende Wirtschaft, sie waren auch völlig unangemessen, bedenkt man die technologische Entwicklung hin zu einer Netzwerk-Ökonomie mit ihren vielfältigen Interdependenzen und der Entstehung einer globalen Ordnung, in der der eine seinen Vorteil nicht mehr langfristig sichern kann, wenn er auf dem Nachteil des anderen basiert. Aber wie sollten die Schlüsselbegriffe für eine neue progressive Ära lauten? Kooperation, Kreativität und Gleichheit. Kooperation, weil die Menschen mehr zustande bringen, wenn sie mit anderen zusammenarbeiten – wir sind keine primär konkurrenzlerischen Wesen. Kreativität, weil wir alle Dinge tun wollen, denen wir einen Sinn zuschreiben, weil wir unsere Talente entwickeln wollen und weil eine Gesellschaft besserfährt, wenn alle die Möglichkeit haben, ihre Talente zu entwickeln – Kreativität meint das Beste am Individualismus, aber ohne den egoistischen Beiklang, der dem Wort längst anhaftet. Und nicht zuletzt Gleichheit, weil eine Gesellschaft lebenswerter ist, je egalitärer die Lebensbedingungen ihrer Bürger sind.[109]

In unseren Gesellschaften fänden sich jederzeit Hunderttausende, wenn nicht Millionen von Bürgern, die eine solche Zielorientierung – früher hätte man gesagt: ein solches politisches Programm – mit Begeisterung unterschreiben würden. Aber sie sehen selten eine Möglichkeit, ihren Überzeugungen politische Wirksamkeit zu verleihen. Die politischen Parteien bieten gelegentlich ein paar Programmpunkte, die sie teilen, meist jedoch prägen Unvermögen, Dilettantismus, Kleingeistigkeit und abgeschottete Apparate die Res publica, die öffentlichen Angelegenheiten.

Die Bürger lassen diese Apparatparteien verständlicherweise meist links liegen, was aber erst recht dazu führt, dass aus diesen Parteien mehr und mehr Leben weicht. Eine neue progressive Ära wird es nur geben, wenn diese vielen Bürger die Sache in ihre Hände nehmen. Möglicherweise können sich die traditionellen Parteien der demokratischen Linken doch noch einmal neu erfinden; möglicherweise werden sich erst neue politische Kräfte formieren müssen, progressive Sammlungsbewegungen, die halb als überparteiliche, halb als außerparlamentarische Bewegungen eine neue progressive Mehrheit bilden.

So weitermachen wie bisher ist keine Option; aber es ist auch keine Option, den Retourgang einzulegen. Gewiss, gerade unter der Mitgliedschaft sozialdemokratischer Parteien würden manche gerne wieder in die siebziger Jahre zurückkehren, wo ihre Welt noch in Ordnung war: die Gewerkschaften waren stark, die Gesellschaft war einigermaßen homogen, die Globalisierung hatte nichts Bedrohliches, die Arbeitswelt war noch ziemlich formal organisiert, und die Sozialdemokraten konnten, wenn sie sich bemühten, sogar noch absolute Mehrheiten erringen. Im Fernsehen traute sich niemand, über einen Bundeskanzler zu spotten. Im Bus standen die Teenager noch für Oma auf. Und am 1. Mai schwenkte man rote Fahnen, was zwar auch damals schon eher eine nostalgische Reminiszenz war, aber immerhin stammt sie aus einer Zeit, der man sich irgendwie noch verbunden fühlen konnte.

Gelegentlich findet man eine ähnliche Mentalität auch im Milieu unorthodoxer, ungebundener Linker – weil man hier ohnehin traditionsgemäß der Auffassung ist, dass immerzu alles schlimmer wird, ergibt sich daraus logisch, dass vor dreißig Jahren alles besser gewesen sein muss als heutzutage und dass alles, was seither geschah, nur und ganz ausschließlich eine Geschichte des Niederganges, des Verfalls, der Auftürmens von Schrecklichkeiten ist. Oft haben die Linken in jener Zeit, die ihre Erben jetzt beinahe verklären, ihre Gegenwart mit denselben Worten kritisiert.

Nein, es war auch in den siebziger Jahren nicht alles wunderbar – und viele der Veränderungen, die seither geschehen sind, haben unser Leben reicher und bunter gemacht; oder es sind einfach Prozesse gesellschaftlichen Wandels, die man selbst dann nicht zurückdrehen könnte, wenn man wollte. Dass heute nur noch sehr wenige Leute in den westlichen Gesellschaften ihr Geld mit Handarbeit in den Fabriken verdienen und immer mehr Menschen in den Dienstleistungsbranchen der Wissensgesellschaft tätig sind, ist eine Tatsache, egal, ob man diesen Prozess für gut oder schlecht hält (alles in allem ist er für das Leben derer, die es betrifft, eher gut). Solche Veränderungen haben ihre Auswirkungen auf die Ideale von Menschen, ihre Biographien, auf die Ziele, die sie sich in ihrem Leben setzen. Oft ambivalente: In vielerlei Hinsicht führen Menschen heute ein selbstbestimmteres Leben, in anderer Hinsicht aber ein atomisierteres. So sind sie beispielsweise oft auf sich allein gestellt, wenn sie Solidarität benötigen würden; sie leben oft ein Einzelkämpferleben, obwohl sie gerne mit anderen zusammenarbeiten würden.

Wir können nicht zurück zu einer verklärten Welt von vorgestern. Wir müssen *unsere* Welt verbessern, und das geht nicht, wenn wir der Sprache und den Ritualen von vorvorgestern anhängen. Wir müssen auf der Höhe *unserer* Zeit sein. Dass das möglich ist – und was dafür getan werden müsste –, das wollte dieses Buch zeigen. Wir können unsere Gesellschaften zu gerechteren Gesellschaften machen, in denen alle Bürger faire Chancen haben, ein gelingendes Leben zu leben – wir dürfen es nicht akzeptieren, dass manche hoffnungslos zurückbleiben oder bereits als geborene Verlierer ins Leben starten. Alle müssen die Möglichkeit haben, aus ihrem Leben etwas zu machen, und niemand darf in Lebensverhältnissen gefangen sein, die chronische Armut mit Chancenlosigkeit und einer endlosen Kette an Demütigungen kombinieren. Wir müssen unsere Wirtschaft so organisieren, dass wir Prosperität mit Stabilität verbinden und die ärgsten Ungleichheiten abgebaut werden, weil es sich in egalitäreren Gesellschaften einfach besser lebt.

Die ewige Tretmühle der Konkurrenz verpestet das Leben aller. Wir müssen die Ökonomie in der Krise ohnehin ankurbeln, also sollten wir es auf eine Weise tun, die das Leben für uns und spätere Generationen besser macht – indem wir jetzt massiv in die ökologische Umrüstung unserer Lebenswelt investieren. Wir brauchen mehr Demokratie in der Demokratie, damit die Bürger sich nicht desinteressiert und angewidert abwenden, aber auch damit das politische System aus der Geiselhaft der Privilegierten und ihrer Lobbys befreit wird. Wir schaffen das, wie es im Titel dieses Buches heißt, »mit links« – also auf progressive Weise. Ganz leicht, wie der Doppelsinn dieser Zeile andeutet, wird es nicht. Aber so unmöglich, wie viele heute glauben, ist es nicht, unsere Gesellschaften zu besseren Gesellschaften zu machen. All das, was in diesem Buch angeregt wurde, skizziert kein »politisches Programm« allein für die Unterprivilegierten, in deren engerem »materiellem Interesse« es wäre; es ist vielmehr ein lohnendes Ziel für praktisch alle Bürger. Was hier vorgeschlagen wurde, sind ein paar Wege – Anspruch auf Vollständigkeit kann ein solches Buch nicht erheben wollen.

Und es sind Wege in eine bessere Gesellschaft und keine Königswege in eine Ideal-Gesellschaft. Die großen Ideen von der Ideal-Gesellschaft hatten historisch manchen Vorteil, aber auch eine Reihe von Nachteilen – nicht zuletzt den, dass es nie gelungen ist, sie zu errichten. Was aber immer wieder geklappt hat, waren sukzessive Verbesserungen.

Es ist auch heute möglich und es ist auch heute notwendig. Es wird aber nur funktionieren, wenn man das Bild einer besseren Gesellschaft vor Augen hat, einen moralischen Kompass und Menschen, die sagen: Ja, das geht.

Anmerkungen

1 http://www.spiegel.de/wirtschaft/soziales/0,1518,703991,00.html
2 Robert Skidelsky: Die Rückkehr des Meisters. Keynes für das 21. Jahrhundert. München 2010, S. 69.
3 John Kenneth Galbraith: Der geplünderte Staat oder was gegen den Staat spricht. Zürich 2010, S. 45.
4 John Maynard Keynes: The General Theory of Employment, Interest and Money. Cambridge University Press. The Royal Economy Society 1973, S. 162.
5 Ebenda, S. 151.
6 Joseph Stiglitz: Im freien Fall. Vom Versagen der Märkte zur Neuordnung der Weltwirtschaft. München 2010, S. 216.
7 Skidelsky, Die Rückkehr des Meisters, S. 13.
8 Tony Judt: Ill Fares The Land. London 2010, S. 105.
9 Stiglitz, Im freien Fall, S. 240.
10 Rüdiger Dornbusch / Stanley Fischer / Richard Startz: Makroökonomik. 3. Aufl. München 1985, S. 156.
11 Skidelsky, Die Rückkehr des Meisters, S. 50.
12 Peter Bofinger: Ist der Markt noch zu retten? Warum wir jetzt einen starken Staat brauchen. Berlin 2009, S. 84.
13 Ebenda, S. 89.
14 Heiner Flassbeck: Gescheitert: Warum die Politik vor der Wirtschaft kapituliert. Frankfurt a. M. 2009, S. 102.
15 Bofinger, Ist der Markt noch zu retten?, S. 126.
16 Siehe hierzu Sebastian Dullien / Hansjörg Herr / Christian Kellermann: Der gute Kapitalismus … und was sich dafür nach der Krise ändern müsste. Bielefeld 2009, S. 205 ff.
17 Galbraith, Der geplünderte Staat, S. 160.
18 Zitiert nach George Akerlof / Robert Shiller: Animal Spirits. Wie Wirtschaft wirklich funktioniert. Frankfurt a. M. 2009, S. 41.
19 Flassbeck, Gescheitert, S. 128.
20 Galbraith, Der geplünderte Staat, S. 317.
21 IMK-Report: Institut für Makroökonomie und Konjunkturforschung http://www.boeckler.de/pdf/p_imk_report_41_2009.pdf
22 Stiglitz, Im freien Fall, S. 126.

23 Ebenda, S. 117.
24 IMK-Report, http://www.boeckler.de/pdf/p_imk_report_41_2009.pdf
25 Thomas Strobl: Ohne Schulden läuft nichts. Warum uns Sparsamkeit nicht reicher macht, sondern ärmer. München 2010 (erscheint November 2010).
26 Flassbeck, Gescheitert, S. 139.
27 Judt, Ill Fares The Land, S. 13.
28 Skidelsky, Die Rückkehr des Meisters, S. 180.
29 Vgl. Dullien / Herr / Kellermann, Der gute Kapitalismus.
30 Ebenda, S. 139.
31 Gillian Tett: Tale from the Land of Borat is a Lesson to the World at Large. Financial Times, 1st May 2009.
32 Galbraith, Der geplünderte Staat, S. 273.
33 Joseph Stiglitz: Die Chancen der Globalisierung. München 2006, S. 71.
34 Angelika Krebs: Arbeit und Liebe. Die philosophischen Grundlagen sozialer Gerechtigkeit. Frankfurt a. M. 2002, S. 9.
35 Ebenda, S. 27.
36 Anthony Giddens: The Third Way. The renewal of social democracy. Oxford 1999, S. 100.
37 Stiglitz, Im frcien Fall, S. 27.
38 Richard Layard: Die glückliche Gesellschaft. Frankfurt a. M. 2005, S. 48.
39 Ebenda, S. 13.
40 Ebenda, S. 18.
41 Ebenda, S. 60 .
42 Richard Wilkinson/Kate Pickett: Gleichheit ist Glück. Warum gerechte Gesellschaften für uns alle besser sind. Hamburg 2009, S. 193.
43 Ebenda, S. 213.
44 Waltraud Schwab: Ungleichheit zersetzt Gesellschaften. taz, 13./14. März 2010.
45 Wilkinson / Pickett, Gleichheit ist Glück, S. 34.
46 Ebenda, S. 95.
47 Ebenda, S. 100.
48 Stiglitz, Im freien Fall, S. 22.
49 Judt, Ill Fares The Land, S. 14.
50 Layard, Die glückliche Gesellschaft, S. 81.
51 Ebenda, S. 82.
52 Wilkinson / Pickett, Gleichheit ist Glück, S. 94.
53 Ebenda, S. 94
54 Galbraith, Der geplünderte Staat, S. 155.
55 Ebenda, S. 158.
56 Judt, Ill Fares The Land, S. 66.

57 Ed West: Equality or diversity – we can only have one, whatever John Denham says. http://blogs.telegraph.co.uk/news/edwest/100022375/equality-or-diversity-we-can-only-have-one-whatever-john-denham-says/15. 01. 2010.
58 Wilkinson / Pickett, Gleichheit ist Glück, S. 164.
59 Ebenda, S. 265.
60 Ulrike Hermann: Hurra, wir dürfen zahlen. Der Selbstbetrug der Mittelschicht. Frankfurt a. M. 2010, S. 179.
61 Stiglitz, Im freien Fall, S. 258.
62 Donald Sassoon: One hundret years of socialism. The West European left in the twentieth century. London 1997, S. 42.
63 Ebenda, S. 446.
64 Franz Walter: Vorwärts oder abwärts? Berlin 2010, S. 16.
65 Ebenda, S. 55.
66 Ebenda, S. 75.
67 Ebenda, S. 140.
68 Ebenda, S. 114.
69 Olaf Cramme / Patrik Diamond / Roger Liddle: Challenging the politics of Evasion. www.policy-network.net, 04. 12. 2009.
70 Siehe hierzu Matthias Machnig / Karsten Rudolph: Die Neuvermessung der SPD. Blätter für deutsche und internationale Politik, 12/2009.
71 Judt, Ill Fares The Land, S. 150.
72 Colin Crouch: Postdemokratie. Frankfurt a. M. 2008, S. 10.
73 Interview mit Colin Crouch: http://www.misik.at/die-grossen-interviews/ein-schizophrener-moment.php
74 Wolfgang Fritz Haug: Kritik der Warenästhetik. Frankfurt a. M. 1971.
75 Cramme / Diamond / Liddle, Challenging the politics of evasion. www.policy-network.net, 04. 12. 2009.
76 Crouch, Postdemokratie, S. 30.
77 Ebenda, S. 125.
78 Galbraith, Der geplünderte Staat, S. 209.
79 Janine R. Wedel: Shadow Elite. How the world's new power Brokers undermine Democracy, Government and the Free Market. Philadelphia 2009, S. 7.
80 Anthony Giddens: The Third Way and its Critics. Cambridge 2000, S. 61.
81 Judt, Ill Fares The Land, S. 156.
82 Bofinger, Ist der Markt noch zu retten?, S. 149.
83 Ebenda, S. 151.
84 Bundesrepublik Deutschland, Haushalt 2003.
85 Bofinger, Ist der Markt noch zu retten?, S. 217.
86 Tim Dickinson: The Machinery of Hope. Rolling Stone Magazine, 20. 03. 2008.

87 Siehe hierzu David Plouffe: The Audacity to Win. The Inside Story and Lessons of Barack Obama's Historic Victory. Viking, New York 2009.
88 Siehe hierzu den instruktiven Erfahrungsbericht: No, we can't. Der Freitag, 23. 9. 2009.
89 Financial Times Deutschland, 18. 9. 2009.
90 Galbraith, Der geplünderte Staat, S. 269.
91 Thomas L. Friedman: Was zu tun ist. Eine Agenda für das 21. Jahrhundert. Frankfurt a. M. 2009, S. 96.
92 Ebenda, S. 298.
93 John Podesta: The Power of Progress. New York 2008, S. 159.
94 Ebenda, S. 157.
95 Stiglitz, Im freien Fall, S. 255.
96 Jeremy Rifkin: Die empathische Zivilisation. Wege zu einem globalen Bewusstsein. Frankfurt a. M. 2010, S. 101.
97 Ebenda, S. 26.
98 Ebenda, S. 101.
99 Ebenda, S. 77.
100 Layard, Die glückliche Gesellschaft, S. 53.
101 Marcus Anhäuser: Egoisten im Magnetfeld. Süddeutsche Zeitung, 6.10.2006.
102 Judt, Ill Fares The Land, S. 180.
103 George Lakoff: Moral Politics. How Liberals And Conservatives Think. Chicago 1996.
104 Judt, Ill Fares The Land, S. 34.
105 Wilkinson / Pickett, Gleichheit ist Glück, S. 275.
106 Judt, Ill Fares The Land, S. 151.
107 Ebenda, S. 22.
108 Carmen Reinhart, Kenneth Rogoff: Dieses Mal ist alles anders. Acht Jahrhunderte Finanzkrisen. München 2010, S. 32.
109 Siehe hierzu Harry Shutt: Beyond the Profits System. London / New York 2010.

Der Autor

ROBERT MISIK, taz-Autor, Falter-Journalist, Blogger (www.misik.at) und Videoblogger mit Kultstatus (FS-Misik auf derStandard.at). Mitarbeiter des Bruno-Kreisky-Forums in Wien und Mitglied des »Circle of Friends« des Berliner Progressiven Zentrums. Autor des Politbestsellers »Genial dagegen. Kritisches Denken von Marx bis Michael Moore«. Lieferbar bei Aufbau »Politik der Paranoia. Gegen die neuen Konservativen«, bei aufbautaschenbuch »Alles Ware. Glanz und Elend der Kommerzkultur« und »Marx für Eilige«.

2008 erhielt Robert Misik den Österreichischen Staatspreis für Kulturpublizistik.

ROBERT MISIK
Politik der Paranoia
Gegen die neuen Konservativen
202 Seiten. Gebunden
ISBN 978-3-351-02678-3

Ja, wir können

Die neuen Konservativen verlangen seit langem »weniger Staat«, zumindest in der Wirtschaft; wenn es um die Bespitzelung der Bürger geht, sehen sie das nicht so eng. Sie haben die Finanzströme dereguliert und warnen auch nach dem Totalcrash vor »zu viel Intervention«. Die Sozialsysteme betrachten sie als unmoralisch, weil die Faulen dadurch belohnt werden. Ihr Herz gehört den Tüchtigen. Sie haben das Privatfernsehen eingeführt, jetzt monieren sie den Kulturverfall. Sie halten die Familie hoch, doch durch türkische Großfamilien droht angeblich der Untergang des Abendlandes. Misiks Plädoyer für linke Werte zeigt, dass eine moderne Politik der sozialen Gerechtigkeit den konservativen Konzepten überlegen ist.

»Es ist erfrischend zu lesen.« BUCHKULTUR

Mehr Informationen erhalten Sie unter www.aufbau-verlag.de oder in Ihrer Buchhandlung

aufbau

ROBERT MISIK
Alles Ware
Glanz und Elend der Kommerzkultur
199 Seiten
ISBN 978-3-7466-7065-2

Ich Armani, du Prada?

Ob Auto, Sonnenbrille, Sportschuh oder MP3-Player – wir erwerben Güter heute längst nicht mehr ihres Gebrauchswerts wegen, sondern weil sie einen Lifestyle verkörpern. Güter repräsentieren Identität. Und die Güter, die darin besonders gut sind, werden »Kult«. Das Spiel mit den Zeichen, früher allein in der Kunstwelt dominant, ist heute auch für die Wirtschaftswelt entscheidend.
Robert Misik zeigt, dass die allseits beklagte »Ökonomisierung der Kultur« und die »Totalkulturalisierung der Ökonomie« zwei Seiten einer Medaille sind. Die Wirtschaft investiert immer mehr Gefühle und Affekte in die Produktion von Bedürfnissen und Waren. Virtuelle Welten (»Second Life«) werden zu Kommerzschlagern. Künstlertugenden ziehen ins Wirtschaftsleben ein (»Sei kreativ!«), die Wirtschaft wird kulturalisiert und moralisiert (»Fair Trade«). Last but not least ist auch der »Kampf der Kulturen« ohne den globalisierten westlichen Way of Life nicht zu verstehen. Robert Misik beschreibt, was es mit dem Kulturkapitalismus auf sich hat. Und was der mündige Konsument tun kann.

»Wer wissen will, wie unser Konsumkapitalismus funktioniert, bekommt auf hohem Niveau die dringend benötigte Aufklärung!«
DEUTSCHLANDFUNK

Mehr Informationen erhalten Sie unter www.aufbau-verlag.de oder in Ihrer Buchhandlung

atb aufbau taschenbuch